Babymassage

Berührung, Wärme, Zärtlichkeit

CHRISTINA VOORMANN | DR. MED. GOVIN DANDEKAR

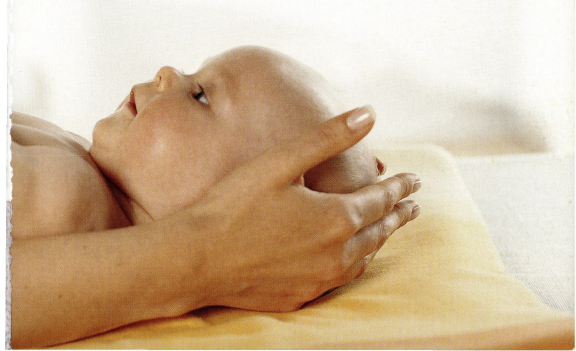

Ein Wort zuvor 5

› EINFÜHRUNG

Berührung ist Leben 7
Massage – Nahrung für die Seele 8
Sanft heilen mit Massagen 9
Info: Häufig verwendete
Massagegriffe 10
Berührung = Liebe 11
Starthilfe für Frühchen 13
Massagen hier und anderswo 14
Das Wissen der Naturvölker 14
Die indische Babymassage 16
Indische Weisheit für Europa 17
Fit nach der Geburt mit Ayurveda 19
Erholung geht (auch) durch
den Magen 22
Willkommen auf der Erde! 24
Essay: »Dieses Kind ist von
Licht erfüllt« 26
Bei den Indianern Nordamerikas 28
Parallelen unter den Völkern 29

› PRAXIS

Zärtliche Babymassage 31
Öle, Kräuterpasten und Ghee 32
Ideal: Massageöle 32
Vier starke Öle 36
Kräuterpasten 38
Das indische Ghee 39
**Massage für kleine
Persönlichkeiten** 40
Die Lehre von den Doshas 41
Test: Die »Baby-Doshas« 42
Was Teddys, Pumababys
und Lämmchen mögen 44
Gut vorbereitet anfangen 46
Der passende Rahmen 46
Vom richtigen Zeitpunkt 49
Massagen für jeden Tag 51
Teilmassage für Neugeborene 52
Die Morgenmassage 54
Die Abendmasssage 60
Teilmassage für Krabbelkinder 67

INHALT

Wenn es schnell gehen muss	70
Was Ihrem Baby sonst noch gefällt	71
Yoga für die Kleinsten	72
Zärtlichkeit und sanfte Klänge	**74**
Klangschalenzauber	74
Babys Beschwerden lindern	**76**
Wenn Babys Bauch schmerzt	77
Das Baby erbricht sich	80
Hilfen bei Erkältung	80
Sonnenbrand lindern	82
Bei Neurodermitis	82
Unruhe, Angst & Co.	83
Babystress lass nach	84
Ölgießen zum Beruhigen	87

Glückliche Mütter – frohe Babys 89

Wenn Frauen Mütter werden	**90**
Das Wunder der Geburt	91
Fragen und Probleme	92
Partnermassage	**93**
Vorbereitung der Massage	94
Fuß- und Beinmassage	95
Rückenmassage mit Ölguss	98
Balsam für Körper und Seele	**100**
Depressionen und Erschöpfung	100
Rund ums Stillen	102
Schönheitspflege ganz natürlich	**104**
Den Körper von Ballast befreien	104
Für Haut und Haar	106
Zurück zur Figur	**108**
Wochenbett-Gymnastik	108
Sanfte Yogaübungen	110
Verwöhnprogramm für Mamas	**112**
Kleines Verwöhnritual	112
Ernährung	**116**
Ayurvedisch essen	116

›SERVICE

Zum Nachschlagen	**118**
Info: Empfehlenswerte Öle	118
Register	122
Adressen und Bücher, die weiterhelfen	124
Das Wichtigste auf einen Blick	**126**
Impressum	128

DIE AUTOREN

Christina Voormann, Ausbildung an der Berufsfachschule (Massagen, Kosmetik), zahlreiche Ayurveda-Lehrgänge, Leiterin des Ayurveda-Zentrums München. Ayurvedische Wöchnerinnenmassagen in der Frauenklinik des BRK (München), Mutter von vier Kindern.

Dr. med. Govin Dandekar, Medizinisches Staatsexamen in Bombay (Ayurvedische Fakultät), 6 Jahre als Arzt und Dozent in Indien; 1965 Promotion an der Universität Heidelberg, Facharzt; seit 1991 Ayurveda-Praxis in Kressbronn (Bodensee); Vater von zwei Kindern.

Ein Wort zuvor

Die Sehnsucht nach Berührung, Geborgenheit und Wärme existiert seit Menschengedenken. Kein Wort kann so viel ausdrücken wie eine Geste, die von Herzen kommt. Jeder Mensch braucht liebevolle Berührungen, besonders aber die Kleinsten unter uns: die Babys.

Was angesehene Wissenschaftler hier in der westlichen Welt durch langwierige Forschungsarbeit jetzt als Grundlage für ein langes, gesundes Leben wiederentdeckt haben, wird in anderen Kulturen schon lange praktiziert: Die Babymassage ist in Indien und vielen anderen asiatischen und afrikanischen Ländern, aber auch bei den Indianern Nordamerikas seit Jahrhunderten selbstverständlich. Wir – die Menschen aus der »modernen«, industrialisierten Welt – stehen etwas verloren daneben: Fast haben wir schon verlernt, wie viel wir mit einer sanften Berührung geben können. Und doch ist es ganz einfach. Wir brauchen nur etwas Zeit und Liebe – und unsere Hände.

Dieses Buch will Ihnen dabei helfen, Ihr Baby mit Massagen zu verwöhnen, ihm mit Ihrer liebevollen Berührung einen »Vorrat« an Vertrauen, Liebe und Selbstbewusstsein mitzugeben und damit den Grundstein für ein glückliches, gesundes Leben zu legen. Die Massagen, Tipps und Rezepturen im Buch orientieren sich zum Großteil an der alten indischen Gesundheitslehre Ayurveda. Ziel dieser Wissenschaft ist es, den Menschen ein langes, zufriedenes und gesundes Leben zu ermöglichen. Ich freue mich deshalb besonders, dass es gelungen ist, Dr. med. Govin Dandekar als Co-Autor zu gewinnen. Dr. Dandekar ist einer der wenigen in Europa ansässigen Ayurveda-Ärzte.

Als Mutter von vier Kindern weiß ich um die Gefühle, Ängste und Wünsche einer Frau nach der Geburt. Deshalb war es mir ein tiefes Bedürfnis, neben Anleitungen für die Massage Ihres Babys auch ein Kapitel in dieses Buch aufzunehmen, das sich ausschließlich dem Wohlbefinden der Mutter widmet. Nicht zuletzt soll dieses Buch aber auch Aufforderung und Ermutigung sein: wieder mehr zu streicheln, zu umarmen und zu berühren – unsere Babys ebenso wie die Dreißig-, Fünfzig- oder Siebzigjährigen.

Christina Voormann

Berührung
ist Leben

Gerade wenn Worte versagen, besinnen wir
uns auf eine Sprache, die jeder versteht:
Wir berühren einander und sagen mit jeder
Berührung so unendlich viel.
Dabei ist Berührtwerden viel mehr als nur
angenehm: Richtig verabreicht ist es eine
Wohltat für Groß und Klein, und für die Aller-
kleinsten ist es sogar lebensnotwendig.

Massage – Nahrung für die Seele

Wer einen anderen sanft berührt, kann damit deutlicher als mit jedem Wort seine Zuneigung zeigen und gleichzeitig Wohlbefinden auslösen. Und inzwischen ist sogar erwiesen, dass Hautkontakt heilen kann. Kein Wunder also, dass gerade in Lebensphasen, in denen Menschen besonders hilfsbedürftig, verletzlich oder erschöpft sind, die Massage seit Hunderten von Jahren zur Heilung eingesetzt wird.
Doch Massage kann mehr als heilen: Sie bietet den Menschen die Möglichkeit, ihr Bedürfnis nach Körperkontakt und Zuwendung, nach Wärme und Geborgenheit zu befriedigen. Sie erfüllt das tiefe menschliche Bedürfnis, zu berühren und berührt zu werden, sie wirkt über die Haut auf den Körper und seine Organe ein. Massage strafft das Gewebe, stärkt die Muskulatur und lindert Schmerzen – und hilft der Seele mit einfühlsamen Streicheleinheiten.

Sanft heilen mit Massagen

Lange war die positive Wirkung von Massagen in der westlichen Medizin in Vergessenheit geraten – bis sie vor etwa einhundert Jahren von Georg Groddeck, dem Begründer der Psychosomatik, wiederentdeckt wurde. Er begann damals mit Massagen zu arbeiten und nutzte dabei vor allem die Tatsache, dass die Massage mit allen Sinnen aufgenommen wird: Fühlen und Riechen, Sehen und Hören werden gleichzeitig angesprochen. Massagen lösen aber auch seelisches und körperliches Wohlbefinden aus, der Hautkontakt wirkt stresslösend, die Selbstheilungskräfte des Körpers werden angeregt. Hinzu kommt, dass der Patient durch eine Massage seinen Körper wieder bewusster wahrnimmt.

Die Haut – ein empfindsames Sinnesorgan

Die Haut ist das größte Organ des Menschen – ausgebreitet würde sie eine Fläche von knapp zwei Quadratmetern bedecken, über 500.000 Sinneszellen geben ihre Wahrnehmungen ans Rückenmark weiter. Damit löst die Berührung die tiefste Sinnesempfindung des Menschen aus, stärker als das Riechen, Schmecken, Hören und Sehen. Wie empfindlich das »Medium« Haut ist, wird deutlich, wenn wir auf Reize reagieren: Wir erröten vor Scham, werden blass vor Schreck oder bekommen bei einem unheimlichen Film eine Gänsehaut. Aber auch in allen Sprachen belegen zahlreiche Redewendungen, wie wichtig uns die Haut ist und welch enger Zusammenhang zwischen unserem seelischen Befinden und der Haut besteht: Man möchte beispielsweise ab und an »aus der Haut fahren«, Erlebnisse können »unter die Haut« gehen, und manchmal wäre es ganz gut, eine »Elefantenhaut« zu haben.

Massagen für alle Bedürfnisse

Wer denkt, dass man nur mit einer langwierigen Ausbildung fachkundig massieren kann, liegt nicht ganz richtig: Sicher kommt es darauf an, wer massiert werden soll und was das Ziel der Massage ist. Soll etwa eine Krankheit geheilt werden, ist ein ausgebildeter Masseur fast immer die beste Wahl. Wenn Sie mit Ihrer Massage jedoch erreichen wollen, dass der andere sich wohl fühlt, dann sind Zuneigung, Fingerspitzengefühl und einige Griffe völlig ausreichend.

MASSAGE – NAHRUNG FÜR DIE SEELE

Die therapeutische Massage

Sie wird gezielt eingesetzt, um Beschwerden zu lindern oder Krankheiten zu heilen, und ist mittlerweile fester Bestandteil der modernen Medizin. Wer diese Massage durchführen will, muss eine mehrjährige Ausbildung als Kranken-gymnast oder Physiotherapeut, Masseur oder Heilpraktiker mit entsprechender Qualifikation absolviert haben, da grundlegende Kenntnisse über die Anatomie und die physiologischen Vorgänge im menschlichen Körper für die Behand-lungen dringend erforderlich sind.

Die kosmetische Massage

Wer eine Berufsfachschule für Kosmetik besucht, erwirbt dort Kenntnisse kos-metischer oder gesundheitsfördernder Massagen, die jedoch ausschließlich der allgemeinen Gesundheits- und Schönheitspflege dienen. Absolventen einer sol-chen Schule sind ebenso wie Teilnehmer eines speziellen Massagekurses nicht berechtigt, therapeutische Massagen anzubieten.

INFO

HÄUFIG VERWENDETE MASSAGEGRIFFE

> **Das Streichen** kann anregend oder entspannend wirken – je nachdem, wie schnell und mit wie viel Druck über die Haut gestrichen wird. Das Streichen wirkt sich be-sonders auf den Lymphfluss positiv aus.

> **Beim Reiben** wird mit der Daumenkuppe oder dem Handballen etwas Druck ausgeübt und in kleinen Kreis- und Spiralbewegungen massiert. Mit Reibungen können Sie Muskelschmerzen lindern und Verspannungen lösen.

> **Beim Kneten** wird das fleischige Muskelgewebe wie ein Kuchenteig bearbeitet: Eine größere Hautpartie wird zwischen die Fingerspitzen genommen, gepresst, ge-drückt und gerollt. Eine Knetmassage wenden Sie an, um Muskeln weicher zu ma-chen und das Gewebe kräftig durchzuarbeiten.

> **Um Schwingungen zu erzeugen,** setzen Sie die Fingerspitzen auf die massierte Körperpartie auf, rütteln leicht vor und zurück und bewegen dabei die Hände von-einander weg. Diese Massage nimmt die massierte Person als leichte Wellenbe-wegung wahr, die entstehenden Schwingungen wirken entspannend.

Massieren – eine Frage des Instinkts

Sie sind sich nicht sicher, ob Sie bei einer Massage alles richtig machen würden? Keine Sorge, jeder Mensch verfügt über die angeborene Fähigkeit, mit seinen Berührungen zum Wohlbefinden oder sogar zur Heilung anderer beizutragen. Diese Begabung kommt meist unbewusst zum Einsatz, etwa wenn wir unser Gegenüber mit kleinen Gesten oder Berührungen beschwichtigen oder trösten. Aber auch bei einer entspannenden oder anregenden Massage greifen wir intuitiv auf diese natürliche Fähigkeit zurück, wodurch »Laienmassagen« nicht nur sehr angenehm sind, sondern auch heilend wirken können.

> Ohne viel Worte wissen, dass man geliebt wird – das ist der Zauber und die große Kraft der Berührung.

Berührung = Liebe

Liebevolle Berührung braucht jeder Mensch, doch besonders in den ersten Lebensmonaten ist Körperkontakt lebenswichtig. Er stärkt das Selbstbewusstsein des Kindes, da es über den Körperkontakt hautnah erfährt, dass es geliebt wird. Kinder, die bei ihrem Start ins Leben viel berührt und gestreichelt werden, können sich später anderen besser mitteilen und erleben glücklichere Beziehungen, wie verschiedene aktuelle Studien bestätigen.

Warum Babys berührt werden wollen

Der Mutter möglichst nahe sein – das ist gerade in den ersten Lebensmonaten für die gesunde körperliche, geistige und seelische Entwicklung des Babys von großer Bedeutung; schließlich prägen die Erlebnisse dieser Monate – positive wie negative – einen Menschen für sein gesamtes späteres Leben. So konnte in verschiedenen Studien nachgewiesen werden, dass der Ursprung von Haltungsschäden, Essstörungen, von Komplexen oder Ängsten durchaus in dieser kurzen frühkindlichen Phase liegen kann. Ein Vertreter dieser Theorie ist der bekannte englische Humanwissenschaftler Ashley Montagu. Er beschrieb in

MASSAGE – NAHRUNG FÜR DIE SEELE

seinem 1971 erschienenen Buch »Körperkontakt« eindringlich, wie wichtig der Hautkontakt nach der Geburt ist. Montagu geht sogar noch einen Schritt weiter, wenn er behauptet, dass Menschen, die in ihrer Kindheit zu wenig Liebe und Zuwendung erfahren haben, als Erwachsene nur noch eingeschränkt empfindungs- und liebesfähig sind.

Massagen machen Babys zufrieden und gesund

Doch nicht nur später im Erwachsenenalter bringt der enge Körperkontakt, der bei der Massage zwischen Eltern und Kind entsteht, Vorteile. Untersuchungen haben ergeben, dass regelmäßig massierte Babys weniger weinen als ihre nicht massierten Altersgenossen. Sie sind außerdem aufgeschlossener und umgänglicher, und sogar ihre motorische Entwicklung wird durch die gezielten Berührungen positiv beeinflusst. Mit Massagen kann aber auch Kindern geholfen werden, die unter Krankheiten leiden: Die regelmäßige Entspannungsmassage – am besten von den Eltern des Kindes verabreicht – hilft dem kranken Kind Ängste abzubauen, die häufig eine Krankheit verschlimmern und sogar eine Heilung verhindern können. Natürlich gibt es auch hier Ausnahmen; in manchen Fällen schließt die Krankheit sogar eine Massage aus. Deshalb sollten Sie, bevor Sie Ihr krankes Kind massieren, zuerst mit Ihrem Kinderarzt sprechen.

WICHTIG !

EIN GEWINN FÜR ELTERN UND KINDER

Massagen können auch eine Wohltat für den sein, der sie ausführt: Vor allem für die Eltern kranker Kinder ist diese Form der Zuwendung besonders schön, da sie sonst eher schwierige Aufgaben zu erfüllen haben: Sie müssen darauf achten, dass ihr Kind eine Diät einhält, bestimmte Medikamente einnimmt oder sein Leben aufgrund der Krankheit stark einschränkt. Bei der Massage dagegen geht es nur um eines, nämlich ums Wohlfühlen und Genießen – und das ist ein ganz neues Gefühl für beide Seiten.

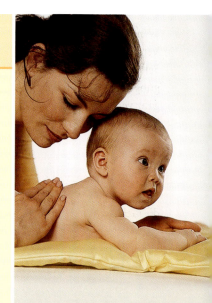

VORTEILE AUF EINEN BLICK

Kein Wunder, dass die Babymassage immer populärer wird, hat sie doch ausschließlich Vorteile für Kind und Eltern:

> Wer sein Baby von Anfang an massiert, hilft ihm »Erinnerungen« an die Geburt besser zu verarbeiten.
> Babymassage beeinflusst die Beziehung zwischen Eltern und Kind positiv, da das Kind die Liebe der Eltern buchstäblich spürt und sich dadurch rundum geborgen fühlt.
> Sie fördert später die Fähigkeit der Kinder, Beziehungen einzugehen und sich auf andere einzulassen.
> Wer Babys massiert, tut ihrem Immunsystem und der hormonalen Stressabwehr im späteren Kinder-, Jugend- und Erwachsenenalter etwas Gutes.
> Babymassage mildert Allergien (hat sich auch bei Neurodermitis bewährt) und festigt zudem Haut und Gewebe.
> Sie wirkt entblähend und lindert so Bauchweh.
> Sie stärkt die Muskulatur und verbessert die Koordinationsfähigkeit des Körpers.
> Massage fördert die Entwicklung zu früh geborener Babys.

Starthilfe für »Frühchen«

Wenn Kinder zu früh geboren werden, neigt man bei uns dazu, mit aller zur Verfügung stehenden Technik die fehlende Zeit im Mutterleib zu »ersetzen«. Selbstverständlich hat der Einsatz der Technik in vielen Fällen seine Berechtigung – schließlich wurden so schon viele Leben gerettet. Aber man sollte nicht ganz vergessen, dass es auch Alternativen gibt, den Kleinen beim Wachsen zu helfen: Auch hier ist es wieder die Berührung, die so positiv wirkt, jene unglaubliche Kraft, die immer noch oft vergessen wird. Dabei kann eine kleine Berührung viel bewegen: Es ist nämlich erwiesen, dass »Frühchen«, die täglich massiert werden, viel rascher zunehmen als Frühgeborene ohne Hautkontakt. Doch in den Kliniken tut sich etwas. Immer häufiger gibt man dort den Eltern die Gelegenheit, ihr frühgeborenes Kind möglichst viel zu berühren, zu streicheln und Haut auf Haut zu spüren. Dieser Körperkontakt kann für die Winzlinge sogar lebensrettend sein.

Massagen hier und anderswo

Seit eh und je massieren Menschen einander. Und auf den ersten Blick hat sich gar nicht so viel geändert: Früher war diese Körperbehandlung vor oder nach einem Kriegszug, einer Jagd oder einem sportlichen Wettkampf üblich – und auch heute werden Sportler massiert. Doch ist heute etwas grundsätzlich anders: Massagen sollen nicht nur Krankheiten vorbeugen oder heilen, sondern den Körper fit und geschmeidig erhalten – und natürlich wohl tun.

Das Wissen der Naturvölker ...

Bei vielen Naturvölkern Afrikas und Amerikas kennt man schon seit Jahrhunderten die heilende Wirkung des Körperkontakts, und vielerorts hat sich dieses Wissen dort bis heute erhalten: Gerade die Kleinsten werden ständig am Körper getragen und verbringen so fast den ganzen Tag Haut an Haut mit ihrer Mutter.

... lebt bis heute weiter

Und dann ist da noch die Naturheilkunde, die fast überall auf der Welt eine lange Tradition hat. Bereits im 17. Jahrhundert gab es beispielsweise bei den nordamerikanischen Indianern ein ausgeklügeltes Gesundheitssystem, in dem ihr umfangreiches Wissen im Bereich der Kräuterheilkunde, aber auch verschiedene Reinigungsverfahren angewandt wurden. Dazu gehörten unter anderem tägliche Massagen bei kleinen Kindern und bei Erwachsenen.
Doch auch im Orient und vor allem in Indien gibt es eine lange Massagetradition. Die Inder waren schon vor etwa 2500 Jahren überzeugt, dass die Massage – neben einer gesunden, ausgewogenen Ernährung, regelmäßiger körperlicher Betätigung und der Anwendung verschiedener Entspannungsmethoden – ein wichtiges Heilmittel und ein Garant für ein gesundes Leben sei.

Und in der westlichen Welt?

In Europa war das Wissen um die Vorteile der Massage in Vergessenheit geraten – kein Wunder, wurde doch die natürliche Sehnsucht des Menschen, zu berühren und berührt zu werden, in vielen europäischen Ländern lange unterdrückt. Doch nicht nur die Massage, auch das Wissen um Naturheilmittel oder andere Körpertherapien schien seit dem Mittelalter verloren, was offensichtlich am starken Einfluss des Christentums lag, das in dieser Zeit mit einer ausgeprägten Körperfeindlichkeit einherging. Zwar ist inzwischen die Zeit der übertriebenen Prüderie vorbei, doch selbst viele moderne Menschen haben heute noch Probleme, mit Berührungen umzugehen. Trotzdem hat man sich in Europa vor etwa 100 Jahren wieder intensiver den vorbeugenden und heilenden Möglichkeiten der Massage zugewandt, und auch die Naturheilkunde hat inzwischen eine Art Wiedergeburt erlebt.
Fitness und Gesundheit sind in unserer Gesellschaft wichtig – ein trainierter Körper wird mit Dynamik und Kraft gleichgesetzt. Man hat keine Angst, sich dafür an metallenen Geräten zu betätigen. Dagegen wirkt die Hand auf der nackten Haut auf viele Menschen unangenehm oder gar peinlich. Groß sind die Ängste, dass durch eine Geste etwas aufgebrochen werden könnte, was man lieber im Verborgenen hält. Ein Beleg dafür, dass die Haut auch heute noch ausschließlich als Hülle betrachtet wird, die alles andere »zusammenhält«.

Die indische Babymassage

Woran denken Sie, wenn die Sprache auf Indien kommt? An seine jahrtausendealte Geschichte, die sich in prachtvollen Maharaja-Palästen und grandiosen Tempeln widerspiegelt, oder den majestätisch dahinfließenden Ganges, den heiligen Fluss der Hindus, zu dem jedes Jahr Tausende von Gläubigen strömen, um sich in seinen Wassern von ihren Sünden reinzuwaschen? Vielleicht sind es aber auch der Dschungel, die Tiger und Elefanten? Die wenigsten werden in diesem Zusammenhang an Wissenschaft und Gesundheit denken – dabei gibt es gerade hier erstaunlich viel, was der indische Subkontinent dem Abendland vermitteln kann.

Es ist dabei vor allem eine Lehre, von der wir Europäer profitieren und lernen können: der Ayurveda. Wer beim Wort Ayurveda zuerst einmal an Wellness denkt, wie es in unseren Breiten häufig dargestellt wird, liegt völlig falsch. Der Ayurveda ist eine ganzheitliche Gesundheitslehre für Jung und Alt.

Indische Weisheit für Europa

Eine indische Tradition, die es auf jeden Fall wert ist beachtet zu werden, ist beispielsweise die traditionelle Behandlung von Müttern und Babys nach der Entbindung. Das Ritual der indischen Baby- und Wöchnerinnenmassage basiert auf ayurvedischen Prinzipien. Ayurveda – jene uralte indische Gesundheitslehre – hat sich in den letzten Jahren auch bei uns in Deutschland als alternative Heilkunde etabliert.

Ein Europäer mit indischen Vorbildern

Seit einigen Jahrzehnten wächst bei uns in Europa das Interesse am Ayurveda und damit auch das Wissen um die uralte indische Heilkunde ständig. Dabei ist es vor allem dem französischen Gynäkologen Frédérick Leboyer zuzuschreiben, dass einige Aspekte der indischen Frauen- und Kinderheilkunde bei uns Einzug hielten und bekannt wurden. Viele kennen sein Buch »Sanfte Hände«, in dem er mit eindrucksvollen Bildern und poetischen Texten die indische Babymassage vorstellt (siehe »Bücher, die weiterhelfen«, Seite 125). Der Hintergrund: Nachdem Leboyer mehrere Jahre in Indien verbracht und die Traditionen dort studiert hatte, veröffentlichte er in den frühen 70er-Jahren des vergangenen Jahrhunderts ein Buch, in welchem er seine philosophischen Betrachtungen über die Geburt und die ersten Monate im Leben eines Menschen darlegte. Es sind die Einfachheit und die Liebe in Leboyers Worten und Bildern, die damals wie heute in manchem Kreißsaal und in vielen Kinderzimmern eine kleine Revolution auslösten.

Ayurveda – was ist das?

Das indische Wort »Ayurveda« besteht aus den beiden Sanskritwörtern »Ayus« und »Veda«, die wörtlich übersetzt »Leben« und »Wissen« bedeuten. Deshalb wird Ayurveda auch häufig als »Wissen vom gesunden Leben« übersetzt. Der Ayurveda ist eine Lebensphilosophie, die bereits vor Jahrtausenden schriftlich überliefert wurde. Die darin enthaltene Gesundheitslehre enthält Informationen und Überlieferungen zu allen Bereichen des Lebens. Als einzige Ziele werden im Ayurveda die Erhaltung und Wiedererlangung von Gesundheit gesehen.

DIE INDISCHE BABYMASSAGE

Es wäre also völlig falsch, diese Wissenschaft nur in Verbindung mit einer Religion, zum Beispiel als reine Hindu-Medizin, zu sehen, wie dies häufig in der westlichen Welt geschieht.

Im Ayurveda werden die gesundheitsfördernden Maßnahmen, zu denen unter anderem Ernährung, Kräuterheilkunde, Entspannungs- und Körperübungen zählen, auf den jeweiligen Konstitutionstyp eines Menschen abgestimmt. Dabei wird außerdem berücksichtigt, in welcher Region er wohnt und welchen Klima- und Umweltbedingungen er dadurch ausgesetzt ist. So findet man innerhalb der ayurvedischen Tradition selbst im Ursprungsland Indien die unterschiedlichsten Varianten: Im Norden kennt man andere Praktiken als im Süden, im Himalaja hat der Mensch andere Regeln zu beachten als in einer subtropischen Region. Deshalb ist es nicht möglich, ayurvedische Methoden einfach ohne Rücksicht auf die äußeren Umstände zu übernehmen und anzuwenden. Von diesen Vorgaben abgesehen, ist im Ayurveda im Grunde

INFO

AYURVEDA AUF EINEN BLICK

> Die indische Gesundheitslehre Ayurveda hat nichts mit bestimmten Religionen oder Ideologien zu tun, sie ist also nicht, wie häufig angenommen, als reine Hindu-Medizin zu sehen. Ihr Ziel ist es vielmehr, den Menschen einen Weg zu vollkommener Gesundheit zu zeigen. Dabei werden Körper, Geist und Seele als untrennbare Einheit verstanden.

> Im Ayurveda geht man davon aus, dass sowohl die äußeren Bedingungen als auch der individuelle Konstitutionstyp eines Menschen bestimmen, welche Maßnahmen seiner Gesundheit zuträglich sind und folgerichtig angewandt werden. Deshalb wird im Ayurveda vor Beginn einer Behandlung festgestellt, wie stark die drei Lebenskräfte – die so genannten Doshas »Vata«, »Pitta« und »Kapha« – beim jeweiligen Patienten zum Tragen kommen (mehr über die Tridoshalehre, die dem Ayurveda zugrunde liegt, finden Sie ab Seite 40). Denn die Zusammensetzung der Doshas bestimmt die Stärken, Schwächen und die Anfälligkeit für Krankheiten und weist auf Möglichkeiten hin, darauf zu reagieren. Kennt der ayurvedische Arzt die Konstitution eines Menschen, kann er aus der Vielfalt der ayurvedischen Behandlungsmöglichkeiten die typgerechte, richtige Auswahl treffen.

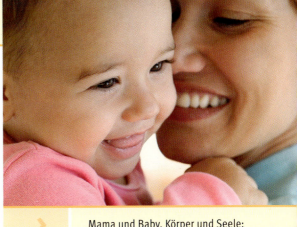

> Mama und Baby, Körper und Seele: alles im Einklang und perfekt aufeinander abgestimmt!

genommen (fast) alles erlaubt, wenn die Behandlung auf die Person, ihre Umgebung und die jeweilige Situation abgestimmt ist. So bildet diese undogmatische Lehre für jeden Menschen weltweit bemerkenswerte Ansätze für eine sinnvolle, individuelle Gesundheitspflege. Nachdem sie sich in Nord und Süd, Ost und West über Jahrhunderte bewährt hat, verdient es die indische Gesundheitslehre Ayurveda, nun endlich auch im Abendland als altehrwürdige Wissenschaft anerkannt zu werden.
Damit aber wirklich jeder Mensch davon profitieren kann, reicht es nicht aus, den originalgetreu indischen Ayurveda zu kopieren: Vielmehr muss ein »europäischer Ayurveda«, angepasst an westliche Verhältnisse, praktiziert und schließlich als sinnvolle Ergänzung zur modernen Medizin eingesetzt werden.

Fit nach der Geburt mit Ayurveda

Es sind nicht nur Tausende von Kilometern, die eine europäische Mutter von einer indischen trennen. Ebenso wichtig ist die Tatsache, dass beide unter völlig verschiedenen Lebensumständen und in unterschiedlichen Kulturkreisen leben. Und auch wenn die »andere« Kultur noch so faszinierend ist, so lassen sich doch Traditionen nicht ohne weiteres von einer Frau auf die andere übertragen. Hinzu kommt, dass die Menschen in Indien ein anderes Körperverständnis haben als wir Europäer, denn sie gehen mit ihrem Körper sehr viel bewusster um. Deshalb können wir eine Gesundheitslehre wie den Ayurveda nicht einfach eins zu eins übernehmen. Wir können jedoch einzelne Aspekte herausgreifen, die für uns von Nutzen sind, und versuchen, den Ayurveda unseren Verhältnissen sanft »anzupassen«.
Wir schildern deshalb auf den folgenden Seiten, wie die Behandlung von Mutter und Neugeborenem in Indien in der Regel abläuft. Ab Seite 32 bekommen Sie schließlich Anregungen, genaue Anleitungen und viele Tipps, wie eine ähnliche Behandlung für eine europäische Mutter und ihr Baby aussehen könnte.

DIE INDISCHE BABYMASSAGE

Verwöhnprogramm für junge Mütter

Wie alle Ayurveda-Anwendungen ist auch das »Behandlungsprogramm« für Wöchnerinnen in Indien regional untschiedlich. Doch die Baby- und Wöchnerinnenmassage hat hier überall eine lange Tradition. Von Generation zu Generation wird das Wissen unverfälscht weitergegeben, von der Mutter an die Tochter, vom Meister an den Schüler. Ausführliche Hinweise zur Durchführung sind bereits in alten Schriften nachzulesen. Während die indischen Ärzte Susruta (etwa 600 v. Chr.) und Vagbatha (etwa 700 n. Chr.) eine Behandlungsperiode von 45 Tagen nach der Geburt für angemessen hielten, gehen spätere Schriften von 30 Tagen aus. Doch grundsätzlich sind sich die alten Gelehrten einig, dass Mütter nach der Geburt etwa sechs Monate benötigen, um ihre ursprüngliche Vitalität wiederzuerlangen. Um ihren Körper dabei zu unterstützen, müssen die Frauen während dieser Zeit strikte Anweisungen in Bezug auf Ruhe und Ernährung einhalten. Außerdem werden täglich Massagen sowie andere Anwendungen verabreicht. Aber auch für eine mentale Erholung der Wöchnerin wird gesorgt: Die Anweisungen lauten, dass die frisch gebackene Mutter sich in dieser Zeit ausschließlich angenehmen Gedanken hingeben sollte, da dies die Wiedererlangung der Kräfte von innen heraus unterstützt. Damit sie sich völlig entspannen kann, werden ihr Arbeiten des täglichen Lebens während dieser Zeit abgenommen, und sie wird liebevoll betreut. Dafür sind zum einen die Familienmitglieder, zum anderen speziell ausgebildete Frauen, die so genannten »Dais«, zuständig. Behandlungen, wie sie auf den folgenden Seiten beschrieben werden, sind in Indien nach jeder Geburt – unabhängig vom sozialen Status der Familie – üblich.

INFO

MASSAGEN FÜR WÖCHNERINNEN

Die regelmäßige Massage nach der Entbindung ist eine wichtige und sinnvolle Gesundheitsvorsorge. Diese Wöchnerinnenmassage

> hilft dem Körper der Frau, sich wieder selbst zu regulieren,
> beschleunigt die Gebärmutterrückbildung,
> reguliert den Lymphfluss,
> stimuliert die Milchbildung,
> strafft Haut und Gewebe,
> aktiviert den Stoffwechsel,
> vermittelt Zuwendung,
> beugt Wochenbettdepressionen vor.

Rundumpflege auf indisch

In Indien ist es heute nach wie vor weithin üblich, dass die junge Mutter unmittelbar nach der Entbindung, genauer gesagt nach dem Austreiben der Plazenta, eine Bauch- und Rückenmassage erhält. Diese Anwendung soll Muskelschmerzen lindern und das Gewebe festigen. Dafür verwendet man entweder Kurkumaöl (Gelbwurzöl), Bala-Öl (wird in Indien sowohl für die Wöchnerinnen- als auch für die Babymassage gern benutzt) oder Ghee (siehe Seite 39). Nach der Massage wird die junge Mutter gewaschen oder, wenn sie schon kräftig genug ist, gebadet, wobei dem Badewasser antiseptische und wundheilende Kräuter und Mischungen beigegeben werden.

> Heilende Kräuter, feine Öle und Fette sind ein wichtiger Teil der indischen Massage.

Nach dem Abtrocknen bekommt die Mutter drei zitronengroße, geröstete, süße Kräuterbällchen zu essen. In manchen Regionen gibt es nach dem Bad sogar Kräuterlikör zu trinken – natürlich nur in kleiner Menge. Sowohl Likör als auch Bällchen enthalten unter anderem Kurkuma, Bischofsweed, Knoblauch, Ingwer und Kreuzkümmel, die allesamt die Reinigung und schnellere Rückbildung der Gebärmutter fördern.

Danach atmet die junge Mutter den Rauch brennender Heilpflanzen ein. Dafür werden milchbildende, blutreinigende und entblähende Kräuter verwendet, wie zum Beispiel die Indische Myrrhe, Kostwurz oder Aloeholz. Als Abschluss der Behandlung bekommt die Frau Fleischbrühe von Hammel oder Ziege zu trinken und isst ein medizinisches Reisgericht, das ebenfalls mit einer Auswahl ganz bestimmter Kräuter gewürzt wurde. Ab dem dritten oder vierten Tag nach der Geburt geht die Behandlung weiter: Jetzt wird die Mutter täglich mit belebenden Kräuterölen massiert, um ihre Regeneration zu unterstützen.

> Schon der Anblick ist die reinste Wohltat: Die Ernährung nach den Lehren des Ayurveda lässt Mütter schnell wieder zu Kräften kommen.

Erholung geht (auch) durch den Magen

An diesen Beispielen ist schon zu erkennen, dass von Anfang an großer Wert auf eine spezielle Ernährung im Wochenbett gelegt wird: Die jungen Mütter essen Ghee, Reis, Früchte, Möhren, gekochtes Gurkengemüse und Flaschenkürbis sowie einige Gemüse- und Obstsorten, die nicht nach Europa exportiert werden und daher bei uns so gut wie unbekannt sind. Getrunken wird vor allem Milch. Reis, Ghee und Milch werden mit ayurvedischen Gewürzmischungen angereichert, von denen eine »Panchakola« heißt, was »fünf scharfe Gewürze« bedeutet. Diese Mischung enthält Ingwer, Bleiwurz sowie Wurzel, Blätter und Rinde des »langen Pfeffers«. Langer Pfeffer ist ein indisches Gewürz, das unter anderem die Verdauung fördert. Eine andere Gewürzmischung, »Laghu-panchamoola«, soll der Frau Kraft spenden.

Der Ayurveda empfiehlt, dass in dieser Zeit vorwiegend süße und saure Nahrungsmittel gegessen werden sollten. Doch was genau jede Frau nach der Entbindung zu sich nehmen sollte, lässt sich auch hier nicht pauschal sagen, da diese Ernährung individuell auf den Konstitutionstyp der Mutter (siehe Seite 18) und verschiedene äußere Einflüsse abgestimmt wird. Es gibt jedoch einige allgemeine Richtlinien und Rezepte für die sinnvolle Ernährung nach der Geburt, die für alle Frauen gleichermaßen gelten und die Sie ab Seite 116 finden.

Sechs Wochen »Schonfrist«

Sechs Wochen lang werden nun täglich Massagen und stärkende Anwendungen durchgeführt. Ab dem dritten Tag darf die Mutter kleinere Körperübungen machen, jedoch ohne sich dabei anzustrengen. Ab dem zehnten Tag wird ein tägliches Reinigungsbad zelebriert. Während der gesamten sechswöchigen Schonphase sollte die Frau nicht reisen, sich keiner Anstrengung aussetzen und den Kontakt zu kranken Personen meiden. Tagesschlaf ist jetzt nicht erlaubt – nicht einmal ein kleines Nickerchen – und vor Völlerei wird gewarnt.

Geborgenheit für Mutter und Kind

In der ersten Woche nach der Geburt halten sich Mutter und Kind in einem abgedunkelten Raum auf, abgeschirmt von der Hektik der »Außenwelt«. Selbst dem Vater und Ehemann wird erst nach einigen Tagen der Zutritt zu seinem Baby und seiner Frau erlaubt. Das ist gerade in unserem Kulturkreis kaum zu verstehen, scharen sich doch hier Freunde und Verwandte bereits unmittelbar nach der Geburt um das Baby und die frisch gebackene Mutter. Im traditionellen Ayurveda werden Mutter und Kind ganz bewusst allein gelassen, um ihnen die Möglichkeit zu geben, sich langsam aneinander und an die neue Situation zu gewöhnen. Dabei sollen sich die zwei gemeinsam und in aller Ruhe von den Strapazen der Geburt erholen. Lediglich ein paar Frauen, meist die Hebamme und die Mutter oder Großmutter der Wöchnerin, werden die beiden liebevoll umsorgen. Das Kind wird auf diese Weise sanft und langsam an die laute und kalte Außenwelt gewöhnt. Ähnliche Praktiken findet man in vielen eingeborenen Kulturen. Auch hier vermitteln die Zweisamkeit, die Ruhe und Dunkelheit eine Art Geborgenheit, wie sie etwa in einer gemütlichen kleinen Höhle zu finden ist. In vielen dieser Kulturen schläft das Baby nachts noch lange an der Seite der Mutter, nicht selten bis zum dritten Lebensjahr. Der warme Körper der Mutter und ihr vertrauter Geruch beruhigen das Kind – eine Geborgenheit, die für sein späteres Leben sehr lohnend ist.

In der westlichen Kultur hat man solche Gepflogenheiten schon lange abgelegt und kultiviert die gegensätzliche Haltung. Hier sind Sprüche wie »Verwöhn das Kind nicht zu sehr!« an der Tagesordnung – ein Verhalten, das in der ayurvedischen oder indianischen Tradition auf großes Unverständnis stoßen würde, denn ein Zuviel an Liebe, Wärme, Zuwendung und Geborgenheit gibt es nie.

DIE INDISCHE BABYMASSAGE

Willkommen auf der Erde!

Doch nicht nur die Mutter wird in Indien liebevoll umsorgt, auch auf das Neugeborene warten Rituale, die sich seit Urzeiten bewährt haben. Ist das Kind abgenabelt, werden zuerst seine Reflexe nach alter ayurvedischer Tradition überprüft: Es werden zwei Steine aneinander gerieben und an die kleinen Öhrchen gehalten, um das Baby »aufzuwecken«. Das Gesicht wird – je nach Jahreszeit – mit kaltem oder warmem Wasser bespritzt. Anschließend fächelt man dem Baby mit einem Schilfrohrgesteck Wind zu.

Ein liebevoller Empfang …

Schließlich wird das Kind mit einer Mixtur aus Steinsalz und Butterfett eingerieben, um die Käseschmiere zu entfernen. Danach wird der kleine Körper mit hochwertigem Bala-Öl eingesalbt, was das erschöpfte kleine Wesen stärken soll. Die Hebamme säubert mit ihrem Mittelfinger Rachen, Lippen und Zunge des Babys und wickelt es in saubere Kleidung. Die empfindliche Fontanelle wird sanft mit ölgetränkter Baumwolle gereinigt. Schließlich flößt man dem Kind etwas von der Steinsalz-Butterfett-Mischung ein, damit es den im Rachen verbliebenen Schleim erbricht. Danach wird die Nabelschnur mit einem scharfen Messer aus Gold, Silber oder Stahl bis auf einen Rest von etwa acht Zentimetern abgeschnitten und eine in Kostwurz-Öl getränkte Bandage um Nabelschnurrest und Bauch gewickelt. Ist das Kind gesund, wird es nun sofort mit einem medizinischen Kräuteröl, zum Beispiel »Balashwagandah-Taila«, massiert. Dieses Öl

> Nun erst mal ausruhen! Nach der Geburt brauchen Babys sanfte Streicheleinheiten und ganz viel Geborgenheit.

Willkommen auf der Erde!

wird aus einer dem Ginseng ähnlichen Pflanze namens Ashwagandah gewonnen. Daneben enthält das Öl Bala – ein Malvengewächs, das in den subtropischen und tropischen Regionen Indiens vorkommt. Beide Pflanzen, Bala und Ashwagandah, werden in der ayurvedischen Heilkunde wegen ihrer stärkenden und aufbauenden Wirkung sehr geschätzt. Nach der Massage wird der Neuankömmling gebadet.

Damit das Baby besonders kräftig und intelligent wird, füttert man es schließlich mit einer Mischung aus Goldpulver, Honig, Ghee, Kalmus, Brahmi und anderen indischen Pflanzen. In dieser Mixtur ist ursprünglich tatsächlich feiner Goldstaub enthalten, da in der ayurvedischen Gesundheitslehre dem Gold eine günstige Auswirkung auf das Gedeihen des Kindes zugeschrieben wird. Da echtes Goldpulver für die meisten Inder jedoch zu teuer ist, legen sie stattdessen einen goldenen Ring in etwas Wasser. Die Wirkkräfte des Metalls sollen so auf das Wasser übergehen, das anschließend unter die Mixtur gerührt wird.

... mit viel Hautkontakt

In den folgenden Wochen wird das kleine Wesen täglich massiert und gebadet, wobei Öle und Kräuter immer dem Befinden des Babys angepasst werden. Zuerst wird das Kind eingeölt – meist mit Kokosnussöl – und dann am ganzen Körper kräftig massiert. Anschließend werden Kräuterpulver, Wasser und Öl zu einer Paste verrührt und auf Gesicht und Körper des Babys aufgetragen. Während in ländlichen Gegenden fast immer die Mutter ihr Kind massiert, überlässt man diese Aufgabe in den Großstädten inzwischen mehr und mehr speziell dafür ausgebildeten Frauen. Diese kommen gegen Bezahlung ins Haus und massieren Mütter und Kinder noch Monate nach der Geburt täglich. Diese Massagen sind in Indien jedoch kein Privileg für Besserverdienende, sie sind auch für Durchschnittsfamilien erschwinglich und durchaus üblich.

Was nach der Massage folgt, erscheint dem europäischen Leser sicher höchst ungewöhnlich: Man bringt in einem kleinen Metalltiegel diverse Wurzeln, Harze, Rinden und sonstige Bestandteile von Pflanzen zum Schwelen, denen im Ayurveda eine heilsame Wirkung nachgesagt wird. Das mit der Kräuterpaste eingeriebene Baby wird nun in den aufsteigenden Kräuterqualm gehalten und dabei gleichzeitig gedreht. So inhaliert das Kind den Kräuterrauch und nimmt dessen wertvolle Wirkstoffe auf.

»ES IST WAHR. DIESES KIND IST VON LICHT ERFÜLLT, ES STRAHLT IN HEITERER GELASSENHEIT.«

An diesen letzten Satz in Frédérick Leboyers Buch »Geburt ohne Gewalt« musste ich beim Anblick meines vierten Kindes, meiner kleinen Tochter Ruscha, immer wieder denken: Sie blickte mit erstaunlich strahlenden Augen in die Welt.

> **Ihre beiden ältesten Geschwister** waren in einer Zeit geboren worden, in der der Körperkontakt zwischen Mutter und Kind in den Kliniken eher unterbunden als gefördert wurde. Sowohl meinen erstgeborenen Sohn Alexander (1968) als auch meine Tochter Daniela (1975) sah ich nur pünktlich alle vier Stunden zum Stillen, egal wie lange und laut sie davor oder danach geschrien haben mögen. Zu viel Zuwendung war als unnötiges Verwöhnen verpönt, auch dem Stillen maß man keine allzu große Bedeutung bei.

> **Diese Einstellung hatte sich 1989,** als Maximilian, mein drittes Kind, geboren wurde, bereits geändert: Mehr und mehr wurden sanfte Geburtsmethoden und Rooming-in praktiziert. Über die Bedeutung und Wirksamkeit der Babymassage war jedoch immer noch wenig bekannt.
> Bei meinem vierten Kind nahm ich die Sache schließlich im wahrsten Sinne des Wortes selbst in die Hand: Ich hatte keine Lust mehr, mir von fremden Menschen vorschreiben zu lassen, was für mich und mein Baby gut wäre und was nicht. Ich beschloss, nur auf mein Herz hören, und das wollte immer nur ganz nah bei meiner kleinen Ruscha sein.

> **Bereits während der Schwangerschaft** bereitete ich mich vor und übte die Babymassage am Teddybär. Die Geburt verlief leider nicht nach meinen Vorstellungen: Da ich an einer schweren Infektion erkrankt war, kam Ruscha fast vier Wochen vor dem Termin durch einen Kaiserschnitt zur Welt.
> Nach der Entbindung teilte ich mein Zimmer mit drei sehr lebhaften Frauen, deren Besucher man als unangenehm lärmend bezeichnen konnte. Mittendrin lag ich mit meiner kleinen Ruscha auf dem Bauch, und wir beide waren ganz still. Abends wurde Ruscha dann wie alle anderen Babys in das angrenzende Kinderzimmer gebracht, »damit die Mütter nachts ihre Ruhe haben«. Aber wie konnte ich Ruhe finden, wenn ich nicht wusste, wie es meinem Kind ging?!

> **Am dritten Tag** musste Ruscha wegen einer Säuglings-Gelbsucht unter die UV-Lampe. Ich hatte fürchterliche Sehnsucht und schlich nachts in das Säuglingszimmer, um zu sehen, wie es ihr ging. Sie lag in einem dafür vorgesehenen Glaskasten: wegen des UV-Lichts mit verbundenen Augen, und nur mit einer Windel bekleidet. Zwischen all den schreienden oder schlafenden Bündeln stand ich und spürte, wie auch sie mich vermisste. Ich streichelte langsam Ruschas nackten Rücken, die kleinen Arme, ihr Gesicht. Schließlich nahm ich ein Kissen, holte Ruscha behutsam aus dem Glaskasten und setzte mich neben die UV-Lampe. Die Nachtschwester ermahnte mich, mein Kind wieder hineinzulegen, was ich zwischendurch auch immer wieder tat. Aber ich spürte, dass es noch wichtiger war, sie festzuhalten und an mein Herz zu drücken.

> **Nach dieser durchwachten Nacht** ging ich zur Klinikverwaltung und forderte gegen Aufpreis ein Einzelzimmer. Nachdem dies sofort bewilligt wurde, holte ich mein Töchterchen ab, und wir bezogen gemeinsam unser kleines Reich. Von nun an waren wir unzertrennlich. Meist lag Ruscha neben mir im Bett oder auf meiner Brust. Sie hörte das vertraute Klopfen meines Herzens, roch meine Haut und fühlte mein Glücksgefühl. Ich streichelte ihr weiches Köpfchen und lauschte ihrem zarten, schnellen Atmen. Zwar konnte manche Schwester den altbekannten Satz »Na, da wird ja jemand schön verzogen!« nicht unterdrücken, aber ich wusste es besser: Ein Baby kann gar nicht genug Liebe und Zuwendung bekommen. So wie die Milch Nahrung für den Körper ist, ist es die Liebe für die Seele.

> **Täglich massierte ich Ruschas Beinchen,** den Rücken und die kleinen Arme mit Mandelöl. Ich saß dabei im Bett und summte ein Lied, sie lag auf meinen Beinen, und ihre Augen leuchteten ... Trotz Kaiserschnitt und verfrühtem Geburtstermin wurden wir bereits nach neun Tagen aus der Klinik entlassen. Wir waren beide so fit, dass es keinen Grund gab, uns länger dazubehalten. Mein Arzt meinte, wir seien für ihn ein Phänomen. Dabei war es doch so einfach: Es war dieses große Gefühl der Wärme und Geborgenheit zwischen uns beiden, das uns so stark machte. Die Nähe dieses kleinen Wesens gab mir Kraft und Vertrauen. Und ich weiß, dass sie von Anfang an spürte, wie sehr ich sie liebte.

Bei den Indianern Nordamerikas

»Die Kinder sind unsere Zukunft – sie sind uns nicht nur lieb und teuer, sondern sie sind uns heilig. Sie sind der Schatz der Nation, und sie sind unsere Hoffnung, denn in ihnen werden wir weiterleben. Die Lakotakinder kommen mit einem Lächeln und nicht mit einem Schrei auf die Welt. Nach der Geburt wird das Baby ganz sacht auf den Händen gehalten, und dann bläst man vorsichtig Luft in die Nase. Darauf niest das Kind seine Atemwege frei.« (Milo Yellow Hair, Lakota-Sioux).

Das Pine Ridge Reservat der Lakota-Indianer liegt in Süddakota, USA. Bemerkenswert ist bei den indianischen Kulturen generell der Umgang mit Kindern. So war es früher selbstverständlich, dass sofort nach der Geburt für Mutter und Kind – ähnlich wie in der ayurvedischen Tradition – ein ausgiebiges Erholungs- und Verwöhnprogramm startete, das seit einigen Jahren auf Initiative eines pan-indianischen Hebammenverbandes wieder praktiziert wird.

Parallelen unter den Völkern

Ähnlich wie im Ayurveda wurde die Mutter nach der Geburt von Frauen betreut, die Väter durften erst Tage nach der Geburt zu Mutter und Kind. Bei den Lakota halfen aber nicht nur Mutter, Großmutter und die Hebamme (indianisch »Hoksiicu«, »Die das Kind holt«), sondern auch noch die meistgeachtete und charakterfesteste Frau des Stammes. Sie kümmerte sich vorwiegend um das Neugeborene, da man überzeugt war, dass ihre guten Eigenschaften sich positiv auf die persönliche Entwicklung des Babys auswirken würden. War das Neugeborene ein Mädchen, so war es Aufgabe der Hebamme, die gesamte Kindheit zu überwachen und das Mädchen auf seine Frauenrolle vorzubereiten. Unmittelbar nach der Geburt wurde die Nabelschnur mit einem Steinmesser durchtrennt. Nachdem die indianische Hebamme das Neugeborene gesäubert hatte, wurde auch hier das Kind mit fetten Substanzen eingerieben, die vor allem aus Bären- und Wolfsfett gewonnen wurden. Zur täglichen Babypflege gehörte neben diesen Einreibungen aber auch das Baden mit verschiedenen Kräutersubstanzen, die das Kind von Krankheiten reinigen und es davor schützen sollten. Vor dem Bad wurde der kleine Körper mit einem Kräuterpulver aus Indianernessel und Pilzen eingerieben.

Mamas Nähe für Geborgenheit und Gesundheit

Die meiste Zeit über befand sich das Kind direkt am Rücken der Mutter in einer kunstvoll verzierten Babytrage. Musste die Mutter arbeiten, so hing das Kleine in seiner Trage immer in ihrer Nähe an einem Baum, wo der Wind es sachte hin- und herschaukelte. War ein Kind erkrankt, wurden neben Kräutermixturen vorrangig Zuwendung und Körpernähe als Heilmittel eingesetzt. Hatte das Baby oder Kleinkind Kopfschmerzen, so hielt die Mutter ihre Stirn gegen den Kopf des kleinen Kindes, um durch Konzentration den Schmerz auf ihren Körper zu übertragen. Hatte ein Baby Schnupfen, träufelte die Mutter einige Milchtropfen in die kleinen Nasenlöcher. Damit wurde der Niesreiz ausgelöst, was das Näschen für einige Zeit vom lästigen Schleim befreite. Diese Beschreibungen zeigen, dass die Indianer Nordamerikas – wie die Inder – etwas Entscheidendes erkannt hatten: Die Kinder sind heilig, und sie sind die Zukunft eines Volkes, eines jeden Volkes.

PRAXIS

Zärtliche
Babymassage

»Ein Kind mit Berührungen zu füttern, seine
Haut und seinen Rücken zu nähren, ist ebenso
wichtig, wie seinen Magen zu füllen.«
(F. Leboyer). Ein Baby will die Haut seiner
Mutter spüren, gestreichelt und berührt
werden. Steigern Sie die wohltuende Wirkung
der Berührung, indem Sie Ihr Baby massieren.

Öle, Kräuterpasten und Ghee

Die Vielfalt der Massagegriffe und -techniken ist groß. Mindestens genauso wichtig wie der Ablauf einer Massage ist aber, was wir verwenden, um die Massage zur »geschmeidigen« Wohltat zu machen. Öle, Kräuterpasten nach indischen Rezepten und Ghee, das ayurvedische Butterfett, sind nicht nur ideale Gleitmittel – die darin enthaltenen Substanzen werden vom Körper über die Haut aufgenommen und entfalten ihre Wirkung, fast so, als würde man sie mit dem Essen zu sich nehmen.

Ideal: Massageöle

Mit gut eingeölten Händen können Sie über die Haut gleiten, streichen und »tänzeln«. Oft hört man, dass Öl die Poren verstopft oder den Feuchtigkeitshaushalt der Haut stört. Beides können Sie jedoch getrost vergessen, wenn Sie pflanzliche Öle verwenden: Tägliche Massagen damit pflegen zarte Babyhaut, stärken Gewebe und Muskulatur. Bei einer Massage kann der Körper die im Öl enthaltenen Substanzen über die Haut aufnehmen.

Ideal: Massageöle **PRAXIS**

Beim Kauf sollten Sie darauf achten, welche Wirkstoffe ein Massagemittel enthält; überlegen Sie, womit Sie Ihr Baby versorgen und verwöhnen möchten. Auf den folgenden Seiten und in der Tabelle ab Seite 118 finden Sie viele Tipps und Infos für die Suche und den Umgang mit den richtigen Basis- und ätherischen Ölen.

Verwirrende Vielfalt

Vielleicht standen Sie auch schon einmal ratlos vor dem umfangreichen Angebot an verschiedenen Ölen im Bioladen oder im Reformhaus – ohne sich recht für eines entscheiden zu können. Damit Sie in Zukunft wissen, worauf Sie bei der Auswahl des geeigneten Öls besonders

achten müssen, finden Sie auf dieser und der nächsten Seite einige grundlegende Tipps und Hinweise.

Basis- oder Trägeröle

Fette Öle werden, etwa durch Pressung, aus einem Teil der Pflanze gewonnen, beispielsweise aus Keimen, Frucht oder Samen. Zu diesen Ölen gehören unter anderem Weizenkeimöl, süßes Mandelöl oder Sesamöl (siehe Tabelle ab Seite 118). Diese wertvollen Basisöle stellen die Grundlage für wirksame Mischungen mit ätherischen Ölen (Seite 34) dar. Ebenso dienen sie zur Bereitung von Kräuterölen. Wie Sie diese selbst herstellen, erfahren Sie ab Seite 35.

DAS RICHTIGE ÖL AUSWÄHLEN

> MASSAGE-EINMALEINS

Kaufen Sie nur biologische, ungeröstete und kaltgepresste Pflanzenöle, die ungesättigte Fettsäuren enthalten. Geröstete Öle sind nur zum Verzehr geeignet. Das Rösten intensiviert nämlich nicht nur den Geschmack, sondern auch den Geruch, was bei einer Massage Kopfschmerzen verursachen kann. Möchten Sie ein fertiges Babyöl kaufen, vermeiden Sie Produkte, die auf der Grundlage von Petroleum hergestellt wurden, da sie die Haut austrocknen.

> DIESE BASISÖLE EIGNEN SICH BESONDERS GUT

Wenn Ihr Baby eine sehr trockene Haut hat, sind Avocado-, Kokosnuss- oder Sesamöl ideal. Bei fettiger Haut sind leichtere Öle zu empfehlen, die schnell einziehen, wie etwa Süßes Mandelöl.
Ausgleichend und stärkend sind Bala- und Kurkumaöl (Seite 24 bzw. 36). Weitere Tipps zur Auswahl des Basisöls finden Sie in der Tabelle ab Seite 118.

INFO

ÖLE, KRÄUTERPASTEN UND GHEE

Ätherische Öle

Ätherische Öle eignen sich hervorragend als Zusatz für Massageöle. Die meisten von ihnen müssen mit fettem Öl gemischt werden, da sie nicht pur auf die

WICHTIG

WAS BEI ÄTHERISCHEN ÖLEN ZU BEACHTEN IST

> Bei gleichzeitiger Gabe homöopathischer Präparate sollten Sie vor Beginn der Massage unbedingt mit Ihrem Homöopathen über die Verwendung ätherischer Öle sprechen. Manche Therapeuten sind nämlich der Ansicht, dass bestimmte ätherische Öle die Wirksamkeit von homöopathischen Medikamenten beeinträchtigen können.

> Möglicherweise reagiert Ihr Baby auf eines oder mehrere ätherische Öle allergisch. Verreiben Sie 1 Tropfen des Ölgemischs in der Armbeuge des Babys. Warten Sie dann 1 bis 2 Minuten: Beim geringsten Anzeichen einer Rötung von Babys Haut ist vom Gebrauch des Öles unbedingt abzuraten!

Haut aufgetragen werden dürfen – das könnte nämlich zu Hautreizungen und allergischen Reaktionen führen. Wenn Sie ätherische Öle einsetzen, kann die Massage zur kleinen »Aromatherapie« für Ihr Baby werden, denn die duftenden Zusätze entfalten ihre Wirkung nicht nur beim Eindringen in die Haut, sondern zugleich auch über den Geruchssinn.

Faustregel für die Mischung
Für alle Mischungen gilt: Auf 30 ml Basisöl geben Sie 3 Tropfen ätherisches Öl.

Kräuteröle für die Massage

Öle können die Wirkstoffe von Pflanzen besonders gut aufnehmen. Grundlage für die Herstellung eines Kräuteröls ist ein fettes Öl, auch Basis- oder Trägeröl genannt (siehe Seite 33). Besonders gut eignen sich Sesam- und Olivenöl, da diese beiden Öle die Wirkstoffe der Kräuter ausgesprochen gut aufnehmen und sie bei der Massage tief in den Körper hineintransportieren.

Mehr als tausend Jahre Erfahrung
In Indien ist die Zubereitung von Kräuterölen eine richtige Wissenschaft. Viele Öle werden noch genauso hergestellt, wie es in den jahrtausendealten historischen Schriften nachzulesen ist. Meist wird das Basisöl gleich zu Beginn dazugegeben, manchmal aber auch erst, wenn das Was-

Ideal: Massageöle — PRAXIS

ser sich durchs Kochen schon etwas reduziert hat. Oft werden Kräuter und Öle zusammen mit Milch gekocht. Kräuteröle werden zur täglichen Gesundheitspflege eingesetzt. Im medizinischen Bereich sollen sie Beschwerden lindern und Geist und Körper stärken.

Kräuteröl selbst herstellen

Einige traditionelle Öle müssen eine Woche lang und bis zu 101-mal aufgekocht werden. Aber keine Sorge, wenn Sie dazu keine Zeit haben – die Rezepte in diesem Buch (Seiten 36 und 37) sind ganz einfach und nicht allzu zeitaufwändig. Etwas Geduld brauchen Sie allerdings schon – eine Ausnahme bildet hier einzig das Kurkumaöl.

Das Beste herauslocken

Wenn auch bei den Kräuteröl-Abkochungen einige Inhaltsstoffe der Pflanzen verloren gehen, so werden auf der anderen Seite durch diese Art der Zubereitung andere wertvolle Wirkstoffe freigesetzt. Wichtig: Die Kräuter werden nie direkt im Öl gekocht, weil durch die große Hitze zahlreiche Inhaltsstoffe zerstört würden.

Aus einer Vielfalt von Pflanzen auswählen

Zur Herstellung eines Kräuteröles eignen sich frische oder getrocknete Pflanzen ebenso wie Kräuterpulver. In Indien verwendet man bevorzugt frische Pflanzen.

Benutzt man trockene Kräuter, weicht man sie zunächst einige Stunden, besser jedoch über Nacht ein. Dann erst werden sie mit Wasser aufgesetzt. Verwendet werden Wurzeln, Rinden, Hölzer, Blätter, Früchte und Blüten. In der Tabelle ab Seite 118 finden Sie zusätzlich zu den Rezepten auf den nun folgenden Seiten weitere Kräuteröle, welche sich für die Anwendung bei Massagen eignen. Achten Sie bei der Auswahl des Kräuteröls immer auch auf seine spezielle Wirkung.

Sorgfältige Zubereitung

Während man frische oder getrocknete Pflanzenteile ruhig eine Weile allein vor sich hinköcheln lassen kann, muss man bei der Verwendung von Pulver ständig rühren, damit es sich nicht am Topfboden absetzt – dadurch würde das Öl unbrauchbar. Zum Trost sei gesagt, dass Sie bei Pulvern »nur« eine Stunde rühren müssen, während frische oder getrocknete Pflanzenteile bis zu zehn Stunden lang abgekocht werden. Aus diesem Grund ist es auch nicht ratsam, bei der Zubereitung von Kräuterölen Pulver, frische und getrocknete Pflanzen für dieselbe Ölzubereitung zu kombinieren.

Das fertige Öl wird schließlich durch ein Sieb oder ein sauberes Musselintuch gefiltert, in eine dunkle, saubere und heiß ausgespülte Flasche gefüllt und kühl – jedoch nicht im Kühlschrank – aufbewahrt. Es hält sich so mindestens ein Jahr.

ÖLE, KRÄUTERPASTEN UND GHEE

Vier starke Öle

KURKUMAÖL (GELBWURZÖL)

Sie brauchen: 1 EL sehr fein gemahlenes Kurkumapulver, 30 ml Sesam- oder Kokosnussöl.

Das im Handel erhältliche, bereits erhitzte Kurkumapulver nur noch ins angewärmte Öl rühren. Wer selbst gemahlene Kurkuma verwendet, bereitet das Öl wie Sandelholzöl (rechts) zu. Achtung: Kurkuma färbt Haut und Textilien nachhaltig gelb!

GRUNDREZEPT FÜR ALLE KRÄUTERÖLE

Sie brauchen: 1 Tasse getrocknete Kräuter (ersatzweise 2 Tassen frische), 4 Tassen Öl, 16 Tassen Wasser. Getrocknete Kräuter über Nacht im Wasser einweichen. Eingeweichte bzw. frische Kräuter mit dem Öl aufkochen. Bei geringer Hitze unter ständigem Rühren mehrere Stunden leise köcheln lassen, bis das Wasser verdampft ist.

Vier starke Öle   **PRAXIS**

RINGELBLUMENMAZERAT

Sie brauchen: 1 großes, bauchiges Glasgefäß mit weiter Öffnung, frische, unbehandelte Ringelblumenblüten (1/3 des Glasvolumens), Sesam- oder Olivenöl (2/3 des Glasvolumens). Die Blüten im Gefäß so mit Öl begießen, dass sie vollständig bedeckt sind. Mit einem Deckel verschließen und vier Wochen an einen sonnigen Platz stellen. Täglich schütteln.

SANDELHOLZÖL

Sie brauchen: 125 g Sandelholzpulver, 1/2 Liter Wasser, 1/2 Liter Öl (in der kalten Jahreszeit Sesamöl; wenn es warm ist, Kokosnussöl).
Das Pulver 15 Minuten im Wasser einweichen. Mit dem Öl in einem Topf unter ständigem Rühren etwa eine Stunde köcheln lassen, bis das Wasser komplett verdunstet ist.

INFO

GRUNDREGELN FÜR DIE ÖLHERSTELLUNG

In ayurvedischen Büchern trifft man häufig den Begriff »gereiftes Öl« an. Es ist länger haltbar und zieht tiefer in die Haut ein. Hier die Zubereitung:

> Erhitzen Sie das Öl in der gewünschten Menge auf 110°, lassen Sie es kurz abkühlen, und gießen Sie es in eine dunkle Flasche ab. Das Öl ist nun gereift und eignet sich sehr gut für Massagen und zur Körperpflege.

> Gereiftes Öl wird häufig aus Sesamöl hergestellt. Grundsätzlich kann man aber jedes hocherhitzbare Speiseöl zu gereiftem Öl verarbeiten. Bei empfindlicheren Ölen, wie etwa Hanf- oder Kürbiskernöl, würde ein Erhitzen dagegen wertvolle Inhaltsstoffe vernichten und damit den Wert verringern.

Kräuterpasten

Neben Ölen werden in Indien für Massagen auch zahlreiche Kräuterpasten und Pulver (siehe auch Seite 25) verwendet. Diese Mittel sind bei uns noch weitgehend unbekannt – schade, denn sie eignen sich ganz wunderbar zum Massieren. Massagen mit Pasten und Pulvern nennt man im Ayurveda »Udvartana«. Diese Reibemassage ist der Fitmacher unter den ayurvedischen Massagen, da sie anregend auf den Stoffwechsel wirkt und vor allem müde Menschen munter macht. Doch sie kann noch mehr: Eine Udvartana stärkt zudem das Bindegewebe und tut als aktivierendes Ganzkörper-Peeling der Haut gut. Meistens werden Udvartanas allein, zuweilen aber auch im Anschluss an eine Ölmassage, genannt »Abhyanga« (Salbung), angewandt.

Wenn Sie eine solche Massage auch einmal selbst genießen möchten, finden Sie auf Seite 106/107 Tipps zur Anwendung.

Kräuterpaste für Babys

> Wirkt entblähend, blutbildend und blutreinigend. Das enthaltene Sandelholzpulver pflegt die Babyhaut.

> Sie brauchen: 2 EL Kichererbsen- oder Dinkelmehl, 1/2 TL Kalmuspulver, 1/2 TL Sandelholzpulver, 1 TL Bockshornkleesamen, 2 EL Sonnenblumenöl, etwas Wasser.

> Unmittelbar vor der Massage geben Sie das Getreidemehl mit den Kräuterpulvern in eine Schüssel und vermischen alles gründlich. Dann nacheinander Öl und Wasser zugeben. Rühren Sie die Mischung gründlich durch, bis eine glatte, streichfähige Masse entsteht.

Das indische Ghee   PRAXIS

Das indische Ghee

Eine preiswerte, aber ebenso gesunde und natürliche Alternative zur Ölmassage ist das Massieren mit Ghee. So nennt man in Indien geklärte Butter oder ayurvedisches Butterfett. Ghee wird in einem speziellen Verfahren hergestellt und ist nicht gleichzusetzen mit dem Butterschmalz aus dem Supermarkt, das mithilfe chemischer Stoffe hergestellt wird.

Ghee selbst herstellen

> Ghee wirkt regulierend auf Verdauung und Stoffwechsel und wird im Ayurveda als »Verjüngungsmittel« geschätzt. Als Massagemittel wirkt es nervenstärkend, kräftigend und entgiftend.
> Sie brauchen: 500 g frische, ungesalzene und unbehandelte Butter (bei Bedarf auch mehr).
> Geben Sie die Butter in einen Topf und schmelzen Sie sie bei mittlerer Hitze. Wenn die Butter zu köcheln und zu schäumen beginnt, lassen Sie sie noch weitere 15 Minuten leise kochen, bis das darin enthaltene Wasser verdampft ist. Das ist dann der Fall, wenn sich deutlich sichtbar feste Schlacken auf dem Topfboden absetzen.
> Das Ghee ist fertig, wenn 1 bis 2 aufgespritzte kalte Wassertropfen mit einem prasselnden Geräusch auf der Fettoberfläche platzen.
> Das Fett etwas abkühlen lassen und durch ein Musselintuch oder Küchenpapier vorsichtig in einen sauberen Behälter, zum Beispiel ein großes Schraubglas, gießen.
> Zur Massage muss Ghee nicht extra verflüssigt werden: Zerreiben Sie ein kleines Stück zwischen den Handflächen. Durch Ihre Körperwärme wird es sofort geschmeidig.

Wichtig: Achten Sie darauf, dass die flüssige Butter beim Kochen klar bleibt und sich nicht durch zu eine zu hohe Temperatur braun verfärbt.

> Ghee herzustellen ist ganz einfach – und wenn es so schön klar ins Glas fließt, ist es genau richtig.

Massage für kleine Persönlichkeiten

Ayurveda, die jahrtausendealte indische Wissenschaft ist neben der Traditionellen Chinesischen Medizin eine der ältesten Gesundheitslehren.
In Indien wird Ayurveda gern als die »Mutter der Medizin« bezeichnet. Während sich die moderne Medizin häufig darauf konzentriert, Symptome zu behandeln, ist im Ayurveda der Ursprung einer Krankheit von größter Bedeutung. Bezeichnet man in Indien die Schulmedizin als Heilkunde, so nennt man Ayurveda eine Lebenskunde oder Gesundheitsphilosophie: Seine ganzheitlichen Lehren vermitteln eine Lebensweise, welche die dauerhafte Gesundheit von Körper und Seele fördert und erhält – und das bis ins hohe Alter.
Ein wichtiger Bestandteil des Ayurveda ist die Lehre von den Doshas – den drei energetischen Prinzipien, die jedem Menschen innewohnen. Bereits bei den ganz Kleinen wird die individuelle Konstitution, die aufgrund der so genannten Tridoshalehre ermittelt werden kann, in die Gesundheitspflege miteinbezogen.

Die Lehre von den Doshas   **PRAXIS**

Die Lehre von den Doshas

Im Ayurveda geht man davon aus, dass der Konstitutionstyp jedes einzelnen Menschen von einem der drei energetischen Prinzipien bestimmt wird:
Kapha steht in diesem System für das Erdige und Stabile,
Pitta stellt die feurige und sehr dynamische Energie dar,
Vata entspricht dem leichten, beweglichen und luftigen Prinzip.
Diese drei Kräfte nennt man Doshas. Jeder Mensch trägt sie in sich, allerdings zu jeweils unterschiedlichen Anteilen. Sie steuern alle geistigen und körperlichen Abläufe im Menschen und bestimmen auf diese Weise die individuelle Persönlichkeit des einzelnen.

Gesundheit im Gleichgewicht

Im Ayurveda gilt ein Mensch als vollständig gesund, wenn in seinem Organismus die drei Grundenergien Kapha, Pitta und Vata im Gleichgewicht sind. Sind die drei Kräfte jedoch im Ungleichgewicht, führt das zu Unwohlsein und damit zwangsläufig zu Krankheit.
Anhand einer ausführlichen Konstitutionstyp-Analyse wird vor einer Ayurveda-Behandlung deshalb die so genannte Doshadominanz ermittelt: Der behandelnde Ayurveda-Arzt stellt dabei fest, wie stark jede der drei Kräfte bei seinem Patienten ausgeprägt ist. Diese Analyse ist die Grundlage, auf der die gezielte, individuell auf den einzelnen Menschen abgestimmte Gesundheitspflege des Ayurveda beruht. Dabei wird versucht, mithilfe von Ernährung, Massagen sowie Atem- und Yogaübungen ein im Körper entstandenes Ungleichgewicht der Doshas auszugleichen.

Ayurveda für die Kleinsten

Doch der Ayurveda beschäftigt sich nicht nur mit Erwachsenen und deren Wohlbefinden. Nach ayurvedischer Lehre haben auch Babys schon eine eigene Konstitution, genannt »Prakriti« – die Urnatur. Der Ayurveda geht davon aus, dass die Anlagen zur jeweiligen Betonung der drei Doshas schon bei der Geburt bestimmt sind, genauer wird diese Gewichtung jedoch erst im Laufe der Entwicklung vom Kind zum Erwachsenen sichtbar. Deshalb ist in den ersten sechs Monaten die persönliche Konstitution nur ansatzweise bestimmbar. Hinzu kommt, dass in der frühen Kindheit keine stetige, sondern eine schubweise Entwicklung stattfindet. Laut ayurvedischer Lehre können sich Kapha, Pitta und Vata im Verlauf des Heranwachsens daher durchaus abwechselnd dominierend zeigen, ohne dass sich der Konstitutionstyp, also die Grundnatur des kleinen Menschen, ändert.

MASSAGE FÜR KLEINE PERSÖNLICHKEITEN

Die »Baby-Doshas«

Auch ohne die Lehre von den Doshas zu kennen, haben Sie bei Ihrem Baby sicher schon markante Charakterzüge beobachten können: Während die einen Babys sich damit zufrieden geben, ihre Umwelt zu beobachten, sind andere nur dann glücklich, wenn sie ihre Neugier befriedigen können oder man ständig mit ihnen spielt. Damit Sie eine Idee vom Konstitutionstyp Ihres Kindes bekommen, finden Sie auf diesen Seiten einen unterhaltsamen kleinen Fragebogen, der Spaß macht und Sie sicher schmunzeln lässt, aber nicht zu ernst genommen werden sollte.

Früh übt sich

Wie auf den vorangegangenen Seiten bereits beschrieben, kann man bei sehr kleinen Kindern oft noch keine eindeutige Dosha-Dominanz erkennen – doch Sie werden ganz sicher im Fragebogen einige Aussagen finden, die auf Ihr Kind haargenau zutreffen: Ist es zum Beispiel eher ruhig, rund und freundlich wie ein gemütlicher Teddybär? Oder schaut es neugierig und vital in die Welt wie eine Pumakatze? Vielleicht erkennen Sie Ihr Kind ja auch im verspielten kleinen Lämmchen wieder.

Ab Seite 44 können Sie nachlesen, wie Sie Ihrem Baby je nach Persönlichkeit etwas Gutes tun können.

KAPHA, DER KLEINE BÄR

› KÖRPERBAU UND ÄUSSERES
starker Knochenbau, kräftige Statur
rundlich und gut gepolstert
helle, feste Haut
kräftiger Haarschopf

› KÖRPERLICHE ENTWICKLUNG
zahnt spät
neigt zu Bronchitis und Übergewicht
klebriger Stuhl

› ERNÄHRUNG
schläft an Mamas Brust oft ein
isst alles, was ihm essbar erscheint
isst normale Mengen, nimmt aber rasch zu

› GEISTIGE ENTWICKLUNG UND SPRECHEN
lernt spät sprechen, lässt sich stets Zeit
spielt lange mit dem gleichen Spielzeug

› NATURELL UND CHARAKTER
gutmütig, immer gut gelaunt, fremdelt nicht

› SCHLAFGEWOHNHEITEN
schläft gern und viel

Zusammenfassung
Kapha-Kinder entwickeln sich oft etwas langsamer als andere. Sie sind recht gelassen und gemütlich.

PITTA, DAS PUMAKÄTZCHEN

> **KÖRPERBAU UND ÄUSSERES**
> normaler Knochenbau
> muskulöses Persönchen
> gut durchblutete Haut, rosafarben
> blonder und rotblonder Flaum

> **KÖRPERLICHE ENTWICKLUNG**
> zahnt schwer und mit Schmerzen
> hat häufiger fieberhafte Infekte
> oft dünner Stuhl

> **ERNÄHRUNG**
> packt an Mamas Brust besitzergreifend zu
> was nicht schmeckt, wird in hohem Bogen wieder ausgespuckt
> isst gern und viel

> **GEISTIGE ENTWICKLUNG**
> lernt gut und zu normaler Zeit
> ist neugierig, nimmt gern alles auseinander

> **NATURELL UND CHARAKTER**
> rasch ungeduldig oder zornig, zeigt schon recht früh Neigungen und Abneigungen

> **SCHLAFGEWOHNHEITEN**
> normale, regelmäßige Schlafgewohnheiten

Zusammenfassung
Pitta-Kinder gedeihen normal und möchten am liebsten von Anfang an schon alles selbst machen.

VATA, DAS LÄMMCHEN

> **KÖRPERBAU UND ÄUSSERES**
> feingliedrig und zierlich
> das Vata-Baby wirkt zart
> leicht bräunliche Haut
> dünnes, trockenes Haar

> **KÖRPERLICHE ENTWICKLUNG**
> zahnt früh
> ist relativ leicht und nimmt nur langsam zu
> neigt zu Verstopfung

> **ERNÄHRUNG**
> sucht ganz aufgeregt und findet Mamas Brust nicht immer gleich
> ist ein wählerischer kleiner Feinschmecker
> isst mal viel, mal wenig

> **GEISTIGE ENTWICKLUNG**
> lernt schnell und früh sprechen, spricht viel in Babysprache
> möchte ständig neues Spielzeug

> **NATURELL UND CHARAKTER**
> etwas ängstlich und zappelig, fremdelt

> **SCHLAFGEWOHNHEITEN**
> braucht nur sehr wenig Schlaf

Zusammenfassung
Vata-Kinder nehmen nicht so schnell zu – sie sind zierlicher gebaut als andere Babys.

MASSAGE FÜR KLEINE PERSÖNLICHKEITEN

Was Teddys, Pumababys und Lämmchen mögen

In Indien wird bei der Babymassage und der Wahl der Öle für Babys und Kleinkinder noch nicht so speziell auf die Dosha-Dominanz eingegangen wie später bei Erwachsenen. Fast alle Babys werden anfangs mit Kokosnuss-, Kurkuma- oder Bala-Öl (siehe Seite 33) massiert. Wenn Sie trotzdem beim kleinen Verwöhnprogramm ein wenig auf die Veranlagung Ihres Babys eingehen möchten, finden Sie nachfolgend noch einige Tipps zu den drei Baby-Dosha-Typen.

Massage für Kapha-Babys

Für Kapha-Babys eignet sich neben der täglichen Ölmassage auch eine gelegentliche Massage mit Kräuterpasten (Herstellung auf Seite 38) oder mit Kichererbsenmehl, das sich auch bei öliger und fettiger Haut günstig auf das Hautbild auswirkt. Ebenfalls zu empfehlen ist das Einreiben mit Dinkelmehl, das mit einer Prise Kurkumapulver (Gelbwurz) vermischt wird. Allerdings sollte man auch hier nicht verschweigen, dass das Kurkumapulver zwei Seiten hat: Auf der einen Seite übt es auf den gesamten Babyorganismus eine äußerst positive Wirkung aus, auf der anderen Seite färbt selbst die Prise Kurkuma im Dinkelmehl die Haut des Babys, die Hände des Masseurs sowie alle Textilien, mit denen es in Berührung kommt, gelb. Kinder mit starker Kaphadominanz, also einer Neigung zu Übergewicht, werden in Indien auch ab und zu mit Kalmuspulver eingerieben. Kalmus hat eine reinigende Wirkung und aktiviert den Stoffwechsel. Es eignet sich außerdem auch gut für eine Massage der jungen Mutter. Das Pulver ist nicht nur in Indien, sondern inzwischen auch hier bei uns in vielen Kräuterläden erhältlich.

Massage für Pitta-Babys

Die kleinen Pumakätzchen sollten vor allem mit kühlenden Ölen massiert werden, da sie es gut vertragen können, dass dadurch ihr feuriges Temperament etwas beruhigt wird. Gut geeignet ist dafür beispielsweise Kokosnussöl als

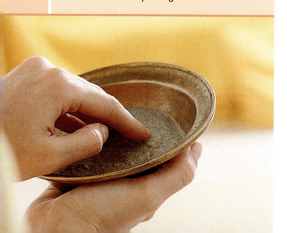
Einem Kapha-Baby tut auch die Massage mit einer Kräuterpaste gut.

Was Teddys, Pumababys und Lämmchen mögen | **PRAXIS**

› Vata-Babys sind gerne aktiv – lieben aber entspannende Massagen.

Träger- oder Basisöl. Aber auch eine Massage mit Ghee (Herstellung siehe Seite 39) hat für feurige Pittatypen im Ayurveda eine lange Tradition, da auch dieser Substanz eine kühlende Wirkung nachgesagt wird. Ghee wirkt aber auch als Verjüngungsmittel, das die Lebenskraft stärkt. Sie haben richtig gehört: Es geht hier tatsächlich um Verjüngung, denn im Ayurveda beginnen die verjüngenden Maßnahmen bereits im Babyalter und nicht erst dann, wenn der Alterungsprozess bereits deutliche Zeichen am gesamten Körper hinterlassen hat.
Auch hautpflegende Massagemittel, wie etwa Mischungen mit Sandelholz, tun Pitta-Babys gut. Ein ausführliches Rezept dafür finden Sie auf Seite 37.

Massage für Vata-Babys

Vor allem die zierlichen Vata-Lämmchen lieben die sanften und entspannenden Streicheleinheiten. Anregende Massagen sind bei diesem Baby-Dosha-Typ fast immer fehl am Platz, da sie ohnehin ständig in Bewegung und eher etwas unruhig sind. Massieren Sie also Ihr Lämmchen am besten mit wenig Druck und in Richtung des Haarstrichs. Eine Mischung aus Sesamöl mit etwas ätherischem Lavendel- oder Rosenöl hat einen erwärmenden Effekt und eignet sich daher gut für Vata-Babys. Aber auch Bala-Rosen-Öl ist wegen seiner stärkenden Wirkung für zarte Vata-Babys besonders zu empfehlen. Daneben ist auch noch Rizinusöl für die Massage von Vata-Babys ideal. Sie zucken beim Wort Rizinusöl zusammen? Keine Sorge, bei äußerlicher Anwendung ist Rizinusöl das Öl der Wahl für kleine und große Menschen mit ausgeprägtem Vata-Dosha – eine Tatsache, die nicht nur im Ayurveda, sondern auch bei den alten Ägyptern bereits bekannt war, die Rizinusöl gern als besonderes Schönheitsmittel einsetzten. Dieses Basis-Vata-Öl hat eine beruhigende Wirkung und versorgt die für Vata typische trockene Haut mit den Wirkstoffen, die sie braucht, um wieder geschmeidig zu werden und gesund zu bleiben. Aufgrund seiner eher zähflüssigen Konsistenz bietet es sich an, das Rizinusöl immer mit Sesamöl zu mischen, am besten im Verhältnis ein Teil Rizinusöl auf zwei Teile Sesamöl.

45

Gut vorbereitet anfangen

Massieren bedeutet Geben und Empfangen. Sie können dabei auf das vertrauen, was Sie fühlen und sehen: Als Mutter entwickeln Sie ein Gespür dafür, was Ihrem Baby gut tut, was es mag und wogegen es sich vielleicht sträubt. Für Ihr Kind ist es wichtig, Ihre Liebe und Zuneigung zu spüren – und wie ginge das besser als mit einer Massage in einer wohligen, vertrauten Umgebung. Auf den folgenden Seiten finden Sie einige Tipps, wie Sie beide die sanften Berührungen in vollen Zügen genießen können.

Der passende Rahmen

Der Raum für die Babymassage muss gut gelüftet sein, die Zimmertemperatur sollte mindestens 24° betragen. Bei Neugeborenen ist es ratsam, zusätzlich noch einen Heizstrahler aufzustellen.
Größere Babys können Sie in der warmen Jahreszeit durchaus auch einmal auf einer Wiese, im Garten oder vielleicht unter einem Baum massieren, wenn der Platz ausreichend vor Wind und starkem Sonnenlicht geschützt ist.

Der passende Rahmen **PRAXIS**

Eine schöne Stimmung schaffen

Schaffen Sie eine ruhige und behagliche Atmosphäre, damit Sie und Ihr Baby die wohltuende und entspannende Wirkung der Massage genießen können. Auch wenn das Kleine die Umgebung mit den Augen noch nicht genau wahrnimmt, kann es die Wärme, die Ruhe und die Stimmung insgesamt sehr wohl spüren. Wenn Sie mögen, dämpfen Sie das Licht oder zünden Sie ein paar Kerzen an. Vielleicht liebt Ihr Söhnchen oder Ihre kleine Tochter es, wenn Sie während der Massage ein Lied singen oder summen. Sie können aber auch zu CD oder Kassette greifen. Ob Klassik oder Rolling Stones: Lassen Sie sich einfach von Ihrem Empfinden und vor allem von der Reaktion ihres Babys leiten.

Die Auswahl der Musik hängt auch davon ab, ob Sie mit der Massage eine entspannende oder eine anregende Wirkung erzielen wollen. Vermeiden Sie jedoch in jedem Fall laute und hektische Klänge.

Hautnah beieinander

In Indien massieren die Mütter ihre Babys grundsätzlich auf den ausgestreckten Beinen. So spürt das Kleine die Mutter ganz intensiv, sozusagen »von allen Seiten«. Diese Position hat außerdem den Vorteil, dass die Mutter ihr Baby bei Be-

darf sanft wiegen und schaukeln kann, während sie es massiert.

Diese Haltung können Sie auch auf dem Sofa oder auf dem Fußboden einnehmen. Wenn Sie mögen, massieren Sie Ihr Baby gemütlich im Bett sitzend, was vielleicht während der ersten zwei Wochen ohnehin sehr angenehm für Sie ist.

Wenn Sie das Massieren auf Ihren Beinen jedoch nach einigen Minuten als zu unbequem empfinden, können Sie ruhig auch den Wickeltisch dafür benützen – das Wichtigste ist schließlich, dass ihr Baby ununterbrochen Ihre Berührung und Zärtlichkeit spürt.

MUSIK ZUR MASSAGE

TIPP

Es gibt viele Musikstücke, die sich für eine Babymassage eignen. Hier eine kleine Auswahl besonders schöner Melodien:

> ❯ **»Kinderträumeland«** aus dem Menschenkinderverlag, Münster
> ❯ **»Meditation«** aus der Oper »Thais« von Jule Massenet
> ❯ **»Die vier Jahreszeiten«** von Antonio Vivaldi
> ❯ **»Gnossiennes Nr. 1–6«:** kleine Klavierstücke von Eric Satie

DIE ALTERSGEMÄSSE MASSAGE-DAUER

❯ WIE LANGE SOLLTE EINE MASSAGE DAUERN?

Bei Neugeborenen sollten Sie nicht länger als 5 Minuten massieren. Ab der 4. Woche können Sie die Behandlung auf etwa 10 Minuten ausdehnen. Vertrauen Sie dabei auf Ihr Gespür für die Bedürfnisse Ihres Kindes. Grundsätzlich sollte eine Babymassage insgesamt jedoch nicht länger als etwa 15 Minuten dauern.

❯ AB WANN KANN ICH MIT DEN MASSAGEN BEGINNEN?

In Indien werden gesunde Babys bereits unmittelbar nach der Geburt massiert (Seite 25). Allgemein empfehlenswert ist es, ab dem 5. Tag mit der Massage zu beginnen. Allerdings darf bei Fieber oder bei Säuglingsgelbsucht nicht massiert werden. Beschränken Sie sich innerhalb der ersten vier Wochen auf Teilmassagen, wie sie auf Seite 52/53 beschrieben sind. Die Bauchzone darf erst mitbehandelt werden, wenn der Nabel nicht mehr nässt und gut verheilt ist.

❯ BIS ZU WELCHEM ALTER KANN ICH MEIN KIND MASSIEREN?

Nach oben gibt es keine Altersbegrenzung: Massieren Sie Ihr Kind, solange es Ihnen beiden Freude macht. Sicher wird es immer wieder Momente geben, wo Mamas oder Papas gezielte Streicheleinheiten regelrecht eingefordert werden. Gerade in neuen Lebenssituationen, beispielsweise zu Beginn des Kindergartenbesuchs oder in den ersten Schultagen, wird das vertraute Ritual Ihrem Kind Selbstbewusstsein und Sicherheit geben. Und auch für größere Kinder gilt ebenso wie für die Kleinsten: Die Massage ist immer noch ein wunderbares Mittel, um eine mit fortschreitendem Alter des Kindes verloren geglaubte Nähe wiederherzustellen. Der Genuss ist auch hier für Eltern und Kinder gleichermaßen groß.

Vom richtigen Zeitpunkt | PRAXIS

Vom richtigen Zeitpunkt

Versuchen Sie, der Babymassage einen festen Platz im Tagesablauf einzuräumen. Dabei können Sie sich auch am Temperament Ihres Babys orientieren: Tut ihm vielleicht die sanfte Anregung am Morgen gut oder eher das Verwöhnprogramm am Abend? Am schönsten ist es, wenn die Massage zu einem Ritual für Mama und Baby wird: Überlegen Sie, zu welchen Zeiten Ihres gemeinsamen Tagesablaufs regelmäßige Massagen möglich sind. Wichtig ist, dass kein Stress aufkommt und beide die Massage genießen. Sollten Sie einmal zum gewohnten Zeitpunkt etwas anderes vorhaben, spricht nichts dagegen, das Ritual zu verschieben oder ausfallen zu lassen. Bitte machen Sie sich auf keinen Fall Druck, indem Sie die Massage als ein Muss empfinden! Das gilt auch, wenn Sie abgespannt sind oder sich nicht wohl fühlen. Wirkt Ihr Baby verkrampft, wenn Sie es massieren wollen, oder schreit es energisch, sollten Sie auch dieses »Nein« akzeptieren.

Die Wohltat vorbereiten

Legen Sie sich eine Matte oder eine dicke Decke zurecht. Vielleicht sitzen Sie mit einem Kissen im Rücken und einer kleinen Rolle unter den Knien bequemer. Legen Sie ein Handtuch über Ihre Beine, falls Sie Ihr Baby nicht auf den nackten Beinen massieren wollen. Achten Sie bitte auf kurze Fingernägel und legen Sie zum Massieren Schmuck und Armbanduhr ab. Das Kind sollte während der Massage nackt sein. Die Körperteile, die Sie nicht massieren, können Sie mit einem Tuch bedecken. Noch etwas: Legen Sie besser eine Windel unter den Babypopo. Wenn sich Ihr Kind entspannt, macht sich das oft in einem Bächlein bemerkbar!

Warmes Öl fürs Wohlbefinden

Die Öle sollten immer angewärmt werden. Sie können dafür einen Flaschenwärmer verwenden, in den Sie ein kleines Fläschchen stellen. Oder Sie benutzen ein Stövchen, auf das Sie eine kleine, mit Wasser gefüllte feuerfeste Schüssel stellen. Die benötigte Ölmenge – für ein Baby etwa 30 ml – füllen Sie in ein kleines Fläschchen, das im Wasserbad warm gehalten wird. Achten Sie aber unbedingt darauf, dass das Öl nur handwarm wird.

AUCH DER PAPA DARF MAL!

Die Babymassage sollte nicht ein Privileg der Mütter sein. Die väterliche Massage stärkt die Bindung zwischen Papa und Baby und vermittelt dem Kind die Erfahrung, dass auch ein Mann sanft, liebevoll und zärtlich sein kann. Besonders schön ist es fürs Kind, wenn sich beim Massage-Ritual Mama und Papa abwechseln.

INFO

WICHTIG !

WARME HÄNDE

Ganz wichtig beim Massieren:
Ihre Hände sollten angenehm
warm sein, damit Ihr Baby sich
wohlig entspannen kann.

> Aufwärmend und wohltuend
  wirkt ein Handbad vor Massagebeginn (etwa 2 Minuten in
  35 bis 38° warmem Wasser).

> Reiben Sie die Hände kräftig
  aneinander und machen Sie
  etwas »Fingergymnastik« –
  dann werden Ihre Hände warm
  und zudem locker.

> Auch ein Tropfen Zimtöl, zwi-
  schen den Händen verrieben,
  hat eine aufwärmende Wirkung. Achtung: Vorher wie
  rechts beschrieben einen
  kleinen Allergietest in der
  Armbeuge ihres Babys
  machen.

Einmal einölen, bitte!

Schon beim sanften Einölen können Sie
die Verfassung Ihres Babys erspüren:
Wirkt es entspannt oder verkrampft? Ist
seine Haut kühl oder warm, feucht oder
trocken, fest oder weich? Die Bedürfnisse
Ihres Babys können von Mal zu Mal
unterschiedlich sein. Lassen Sie sich bei
Ihrer täglichen Massage einfach von
Ihrem Gespür leiten – so entsteht ein le-
bendiger Austausch und eine Vertraut-
heit, mit denen Sie die seelische und
körperliche Entwicklung Ihres Kindes
von Anfang an optimal fördern.

Wichtig: kleiner Allergietest

Um sicher zu sein, dass die Ölmischung
Ihrer Wahl keine allergische Reaktion bei
Ihrem Baby hervorruft, verreiben Sie vor
Massagebeginn bitte unbedingt einen
Tropfen Öl in Babys Armbeuge und war-
ten Sie einige Minuten. Eine allergische
Reaktion auf das Öl wäre schnell sichtbar.

So läuft alles glatt

Tragen Sie das Massageöl nie direkt auf
die Haut auf, es könnte falsch temperiert
sein. Geben Sie etwas angewärmtes Öl in
Ihre Hände und streichen Sie über den
Körper des Babys. Für die Vorderseite gilt:
Streichen Sie zuerst mit beiden Händen
über Kopf, Stirn und Wangen. Im Gesicht
nicht zu viel Öl auftragen, sonst kann
etwas in die Augen des Babys laufen.
Lassen Sie sich beim Einölen ruhig Zeit –
es ist ebenso Teil des kleinen Rituals wie
die Massage selbst. Bei allen ayurvedischen Ölmassagen nimmt diese Vorbereitung einen wichtigen Platz ein.
Außerdem können Sie dabei feststellen,
ob Geruch und Konsistenz von Öl oder
Paste auch wirklich angenehm für Ihren
kleinen Liebling und natürlich auch für
Sie sind. Babys können nämlich ganz
schön wählerisch sein, wenn es ums
Aroma geht – und ihre Meinung dazu
laut und recht deutlich kundtun.

Massagen für jeden Tag

Die klassische indische Babymassage besteht aus nur wenigen, einfachen Griffen. Das Wichtigste bei dieser Behandlung ist nämlich nicht eine Vielzahl verschiedener Griffe, sondern der Körperkontakt, die Zuwendung und dass Öle, Pasten oder Pulver gut von der Haut aufgenommen werden können. Es ist besser, täglich wenige Griffe anzuwenden, als mühsam komplizierte Abläufe zu erlernen, die Sie dann nur ab und zu einsetzen.

Nun ist es so weit: Der Platz für die Babymassage ist vorbereitet, und Sie haben eine wunderbar entspannende und kuschelige Atmosphäre für sich und Ihr Kind geschaffen (mehr dazu ab Seite 47). So wohltuend Massagen für Ihr Baby meist sind: In einigen wenigen Fällen – zum Beispiel, wenn das Baby Fieber hat – sollten Sie auf keinen Fall massieren (siehe Seite 52). Verschieben Sie die Massage dann auf einen späteren Zeitpunkt.

WICHTIG

MASSIEREN NICHT ERLAUBT!

Bitte massieren Sie nicht ...

❯ wenn Ihr Baby gerade eben gegessen hat oder Ihnen zeigt, dass es hungrig ist;

❯ wenn es sich energisch sträubt und laut schreit;

❯ wenn Ihr Baby fiebert;

❯ wenn Ihr Kind unter einer entzündlichen Hautkrankheit leidet;

❯ wenn Sie selbst nervös, gestresst oder schlecht gelaunt sind.

❯ Solange der Nabel nicht völlig abgeheilt und trocken ist, darf der Bauch nicht mitmassiert werden.

Für alle »Altersklassen« geeignet

In diesem Kapitel finden Sie Anleitungen für die tägliche Massage Ihres Babys bis zum Kleinkindalter. Zuerst kommen natürlich die Neugeborenen auf ihre Kosten: Sanfte Teilmassagen sind genau nach ihrem Geschmack. Ab dem zweiten Lebensmonat darf es dann schon etwas mehr sein: Hier kommen eine Morgen- und Abendmassage ins Spiel.

Da ältere Babys bis hin zum Kleinkind entspannende Rückenmassagen lieben, finden Sie diese ab Seite 67.

Teilmassage für Neugeborene

Massieren liegt zunehmend im Trend – kein Wunder also, dass immer mehr Hebammen den jungen Müttern nach der Geburt einige Griffe für die Babymassage vermitteln. Dabei fällt auf, wie berührungsängstlich manche Frauen in der ersten Zeit nach der Geburt sind, besonders wenn es sich um ihr erstes Kind handelt. Vor allem wenn ihr Sprössling ein zartes Vata-»Lämmchen« ist (siehe Seite 43/44), zögern sie vielleicht, mit den täglichen Massagen zu beginnen, da sie Angst haben, ihrem Kind womöglich wehzutun. Diese Sorge ist aber ganz unbegründet. Auch neugeborene Babys sind nämlich nicht so zerbrechlich, wie sie auf den ersten Blick wirken. Im Gegenteil: Gerade bei den besonders zarten, zierlichen Babys sollte man früh mit sanften Streichungen und warmem Öl beginnen. Das stärkt die kleinen Sensibelchen und weckt die Nachfrage nach mehr ...

Klein, aber fein

In den ersten vier Lebenswochen Ihres Kindes sollten Sie es bei einer Teilmassage, wie sie rechts gezeigt wird, belassen. Wiederholen Sie alle Griffe einige Male, insgesamt soll die Massage jedoch nicht länger als 5 Minuten dauern. Wichtig: Unbedingt auf ausreichend Wärme bei der Massage achten!

52

Teilmassage für Neugeborene   PRAXIS

Massage 1

> Massieren Sie Arme, Beine, Kopf, Gesicht und Rücken Ihres Babys ganz leicht mit sanften Streichungen. **1**

1 bis 2 Minuten   **1**

Massage 2

> Öffnen Sie ein Babyhändchen wie einen Fächer, indem Sie mit einem Ihrer Daumen die Fingerchen vorsichtig herunterdrücken.
> Mit Ihrem anderen Daumen massieren Sie die Handfläche des Babys sanft kreisend. Danach die andere Hand ebenso massieren. **2**

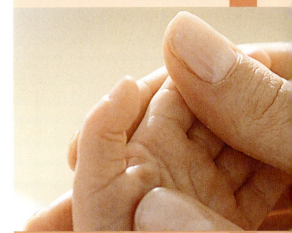

1 bis 2 Minuten   **2**

Massage 3

> Halten Sie einen Babyfuß locker in der Hand. Reiben Sie mit dem Daumen auf der Fußsohle des Babys ganz behutsam auf und ab. **3**

1 bis 2 Minuten   **3**

MASSAGEN FÜR JEDEN TAG

Die Morgenmassage

Diesen anregend wirkenden Massageablauf können Sie ab dem 2. Lebensmonat Ihres Babys anwenden. Dabei massieren Sie den ganzen Körper des Kindes. Ihr Baby liegt auf Ihren ausgestreckten Beinen oder einer weichen Unterlage vor Ihnen. Sein Gesicht ist Ihnen zugewandt, die Füßchen berühren Ihren Bauch. Tipps zum Einölen gibt's auf Seite 49/50. Wiederholen Sie alle Griffe 5- bis 10-mal. Verlassen Sie sich auch hier wieder auf Ihr Gefühl: Stimmen Sie die Anzahl der

1 5- bis 10-mal

Wiederholungen darauf ab, ob die Massage Ihrem Baby gefällt oder nicht. Wichtig: Massieren Sie immer gleichmäßig schnell. Wechseln Rhythmus und Tempo der Bewegung während der Massage immer wieder, so wirkt dies auf das Baby beunruhigend.
Damit die Massage anregend und vitalisierend wirkt, massieren Sie relativ fest und zügig gegen den Haarstrich.

Kopf und Gesicht

› Beginnen Sie links und rechts von der Fontanelle (nicht auf ihr). Dabei darf ruhig etwas Öl in die Vertiefung der Fontanelle fließen. Streichen Sie mit flachen Händen bis zur Kinnmitte. **1**
› Jetzt mit beiden Daumen abwechselnd von der Stirnmitte nach außen zu den Schläfen streichen.
› Das Gleiche nun mit den Fingerspitzen: Abwechselnd mit den Fingerspitzen der

INFO

MORGENMASSAGE AUF EINEN BLICK

› Sie eignet sich für Babys ab dem zweiten bis zum siebten Lebensmonat.
› Die Massage wird gegen die Wuchsrichtung der Haare an Kopf und Körper des Babys ausgeführt.
› Bei den Griffabläufen dürfen Sie ruhig kräftigen Druck ausüben.
› Achten Sie auf schnelle, zügige Griffabläufe und kreisende Bewegungen.

Die Morgenmassage **PRAXIS**

2 5- bis 10-mal

3 5- bis 10-mal

linken und rechten Hand von der Stirnmitte zur Schläfe streichen.
> Legen Sie beide Mittel- oder Zeigefinger oder Ihre Daumen links und rechts an die Nasenwurzel des Babys. Streichen Sie an den Nasenflügeln entlang abwärts Richtung Mund. **2**
> Die Fingerspitzen beider Hände oder die Daumen leicht an die Nasenflügel legen. Dann auf beiden Seiten gleichzeitig quer über die Wange zum Ohr hin sanft ausstreichen.
> Legen Sie beide Daumen im Bereich zwischen Oberlippe und Nase auf und streichen Sie abwechselnd von der Mitte zur Seite hin.
> Den gleichen Massagegriff führen Sie nun an der Kinnpartie aus: Beide Daumen unter das Kinn legen und von der Kinnmitte ausgehend am Kiefer entlang zur Seite hin ausstreichen.
> Nehmen Sie nun die kleinen Ohren vorsichtig zwischen Zeigefinger und

Daumen und massieren Sie mit den Daumen in kleinen Kreisen ganz sanft die weichen, zarten Ohrmuscheln. **3**
> Zum Abschluss der Gesichtsmassage streichen Sie noch einmal, wie im ersten Schritt dieser Massagefolge beschrieben, mit beiden Handflächen von der oberen Kopfmitte seitlich am Gesicht entlang bis zum Kinn herunter.

MASSAGEN FÜR JEDEN TAG

1 5- bis 10-mal pro Seite

2 5- bis 10-mal pro Seite

3 5- bis 10-mal pro Seite

Oberkörper

› Legen Sie Ihre beiden Hände locker nebeneinander auf die Schulterpartie des Kindes. Massieren Sie mit langen und behutsamen Streichbewegungen über die Schultern seitlich bis hinab zu den Oberarmen.

› Mit der flachen Hand streichen Sie von der linken Flanke diagonal zur rechten Schulter hoch. Dann mit der anderen flachen Hand von der rechten Flanke diagonal zur linken Schulter. **1**

Wichtig: Die Bewegungen sollen fließend ineinander übergehen: Ist eine Hand an der Schulter, fängt die andere bereits wieder unten an, um zur anderen Schulter hinauf zu streichen.

Arme

› Drehen Sie das Baby etwas, sodass es auf der Seite und der zu massierende Arm oben liegt.

Melkgriff

› Halten Sie mit einer Hand das Händchen fest. Der Arm ist nach oben vom Körper weggestreckt. Mit der anderen Hand »melken« Sie jetzt nach unten. Das heißt, Sie umschließen das Handgelenk und ziehen Ihre Hand nach unten zum Oberarm des Babys. Dabei bilden Ihre Finger einen Ring. **2**
Den anderen Arm ebenso massieren.

Die Morgenmassage PRAXIS

4 5- bis 10-mal pro Seite

5 5 bis 10 »Kreise« pro Seite

Schraubgriff

> Umschließen Sie einen Unterarm des Babys mit beiden Händen. Massieren Sie nun, indem Sie die Hände gegeneinander drehen, immer vor und zurück. Dabei wandern Ihre Hände gleichzeitig am Arm entlang nach unten, immer weiter zur Schulter hin. **3**
> Danach drehen Sie das Kind zur anderen Seite und massieren den anderen Arm ebenso.

Wichtig: Bei diesem Griff ohne Druck und mit reichlich Öl massieren, damit Ihre Hände sanft um den Arm des Kindes gleiten. Geben Sie besonders an den empfindlichen Gelenken acht: Hier bitte nie zerren oder drücken, sondern nur ganz sanft massieren.

Beine und Füße

Melkgriff

> Ihr Baby liegt auf dem Rücken. Ein Bein ist nach oben gestreckt, Sie halten das Füßchen sanft in Ihrer Hand.
> Massieren Sie mit der anderen Hand das Babybein genauso »melkend« wie vorher die kleinen Arme: Ihre Finger bilden einen Ring, den Sie immer weiter zum Oberschenkel ziehen. **4**
> Sind Sie dort angekommen, wechseln die Hände in einer fließenden Bewegung. Das Ganze 5 bis 10-mal pro Seite wiederholen.
> Halten Sie einen Fuß locker in den Händen und massieren Sie mit beiden Daumen auf den Fußsohlen sanft auf und ab.
> Nun mit einem Daumen in kleinen Kreisen die Sohle massieren. **5**
> Mit dem anderen Bein ebenso verfahren.

MASSAGEN FÜR JEDEN TAG

1 Hauptsache bequem!

2 5- bis 10-mal mit jeder Hand

3 5- bis 10-mal

Die Körperrückseite

> Jetzt drehen Sie Ihr Baby vom Rücken auf den Bauch. Es liegt nun der Länge nach vor Ihnen. Sie können das Kind aber auch so hinlegen, dass es quer vor Ihnen auf dem Bauch liegt. **1**

> Geben Sie nochmals Öl auf Ihre Hände und reiben Sie den Hinterkopf und den Rücken Ihres Babys gut damit ein.

> **Hinterkopf:** Streichen Sie mit beiden Händen abwechselnd in einer Abwärtsbewegung über das Hinterköpfchen bis zum Nacken des Babys. Halten Sie dabei Ihre Hände ganz locker mit leicht gespreizten Fingern, sodass Sie den Hinterkopf ganz umfassen und Ihre Handfläche sich gut der Kopfrundung anpassen kann. **2**

> **Schultern:** Streichen Sie mit beiden Händen sanft, aber intensiv über die Schulterpartie Ihres Kindes. Stellen Sie sich dabei vor, Sie würden einen runden Gegenstand über den Nacken und die Schultern des Babys auf und ab rollen. **3** Massieren Sie die Stelle, wo der Hals in den Nacken übergeht, etwas fester.

Die Morgenmassage   PRAXIS

> **Rücken:** Legen Sie beide Hände so auf die Babytaille, dass sie quer zum Rücken liegen, die linke Hand über der rechten. Nun streichen Sie mit Ihrer Linken über den Rücken Ihres Babys aufwärts bis zum Nacken. **4**
> Wenn Sie fast oben angekommen sind, beginnen Sie mit der rechten Hand an der Taille des Babys mit derselben Aufwärts-Bewegung und setzen mit der rechten Hand wieder unten an der Taille an, und so weiter.
> Legen Sie beide Hände flach nebeneinander auf den Rücken des Babys. Ihre Fingerspitzen zeigen dabei zum Hals des Kindes. Streichen Sie nun mit beiden Händen gleichzeitig von der Taille bis hinauf zum Nacken. **5**
> **Oberschenkel:** Halten Sie das linke Bein des Kindes locker mit einer Hand fest. Mit der anderen Hand reiben Sie nun flach über die Außenseite des linken Oberschenkels aufwärts, also vom Knie bis hoch zur Hüfte. **6**
> Nun massieren Sie das rechte Bein ebenso.
> Zum Abschluss drehen Sie Ihr Kind wieder in die Ausgangslage zurück. Es liegt jetzt also wieder auf dem Rücken, das Gesicht Ihnen zugewandt, längs auf Ihren Beinen oder auf einer weichen Unterlage vor Ihnen.

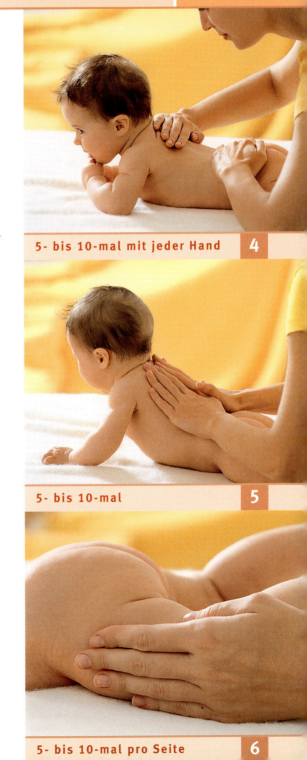

5- bis 10-mal mit jeder Hand   **4**

5- bis 10-mal   **5**

5- bis 10-mal pro Seite   **6**

MASSAGEN FÜR JEDEN TAG

7 5- bis 10-mal

noch ewas ausdehnen, indem Sie Ihrem Kind ein duftendes und entspannendes Bad mit Lavendelöl bereiten, wie das etwa auf Seite 71 beschrieben ist.
Oder Sie entschließen sich dazu, für sich und Ihr Baby eine wohltönende Klangschale zu kaufen – vielleicht liebt Ihr kleiner Genießer ja die feinen Schwingungen der exotischen Schalen. Wie Sie mit den Schalen arbeiten, wo es sie zu kaufen gibt und worauf Sie beim Kauf achten sollten, erfahren Sie ab Seite 74.

Abschluss der Morgenmassage

> Ölen Sie Ihre Hände nochmals ein. Legen Sie sie wieder auf den Kopf des Babys, rechts und links neben die Fontanelle.
> Streichen Sie mit beiden Händen seitlich am Gesicht entlang, **7** über Schultern, Oberkörper und die Beine bis zu den Füßchen den gesamten Körper aus.
> Halten Sie die Füßchen Ihres Kindes in den Händen und verweilen Sie einen Moment so. Dann decken Sie Ihr Baby gut zu, damit es nicht friert.

Mehr, mehr, mehr …

Ihr Baby kann von diesen Streicheleinheiten am Morgen gar nicht genug bekommen? Dann können Sie das Vergnügen ja

Die Abendmassage

Bei der entspannenden Abendmassage für den 2. bis 7. Lebensmonat liegt Ihr Baby wieder auf Ihren ausgestreckten Beinen oder einer bequemen Unterlage vor Ihnen. Sein Gesicht ist Ihnen zugewandt, die Füßchen berühren Ihren Bauch. Tipps zum Einölen gibt's auf Seite 49/50. Wie bei der Morgenmassage wiederholen Sie alle beschriebenen Griffe 5- bis 10-mal und achten bei der Anzahl der Wiederholungen wiederum auf Ihr Gespür und die Reaktionen Ihres Babys.
Anders als bei der Morgenmassage massieren Sie jetzt den Babykörper mit dem Haarstrich. Massieren Sie außerdem langsamer und mit viel weniger Druck. Auch hier wichtig: Massieren Sie immer gleichmäßig schnell, da ein Tempowechsel Ihr Baby beunruhigen könnte.

Die Abendmassage   PRAXIS

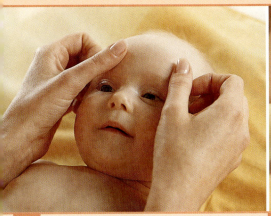

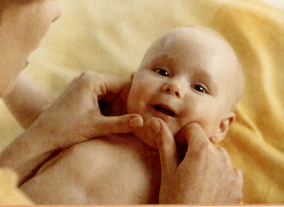

1 5- bis 10-mal   **2** 5- bis 10-mal mit jedem Daumen

Kopf und Gesicht

Gesicht und Kopf werden wie am Morgen (ab Seite 54) behandelt:

> Die Hände links und rechts neben die Fontanelle legen, am Gesicht entlang abwärts streichen.
> Mit beiden Daumen abwechselnd von der Stirnmitte nach außen massieren **1**, dann diese Bewegung mit den Fingerspitzen wiederholen.
> Mit beiden Mittelfingern von der Nasenwurzel bis zu den Mundwinkeln streichen.
> Mit den Fingerspitzen beider Hände von den Nasenflügeln zu den Ohren streichen.
> Mit beiden Daumen abwechselnd oberhalb der Oberlippe zu den Seiten hin streichen.
> Die gleiche Bewegung am Kinn: Mit beiden Daumen abwechselnd von der Kinnmitte zu den Seiten streichen. **2**

> Die Ohrmuscheln zwischen Daumen und Zeigefinger nehmen und mit sanftem Kreisen massieren.
> Abschließend noch einmal wie zu Beginn der Kopfmassage seitlich am Gesicht abwärts streichen.

ABENDMASSAGE AUF EINEN BLICK

> Sie eignet sich für Babys ab dem zweiten bis zum siebten Lebensmonat.
> Die Massage wird entlang der Wuchsrichtung von Babys Haaren ausgeführt.
> Bei den Griffabläufen sanft vorgehen und mit wenig Druck in langsamen, ruhigen Streichbewegungen massieren.

INFO

61

MASSAGEN FÜR JEDEN TAG

| 1 Behutsam gießen ... | 2 ... und sanft ausstreichen |

Der Oberkörper

> Um die Temperatur des Öls zu prüfen, geben Sie etwas angewärmtes Öl in eine Hand. Wenn die Temperatur Ihnen angenehm ist – sie sollte etwa der Körpertemperatur entsprechen – lassen Sie etwas Öl in einem sanften Strahl auf die Brustmitte des Babys fließen. 1

> Streichen Sie nun mit beiden Händen von der Brustmitte zur Seite, etwa so, als würden Sie die Seiten eines aufgeschlagenen Buches glätten.

> Halten Sie nun mit einer Hand beide Beinchen des Kindes gestreckt und setzen Sie sich so zum Kind, dass die Füßchen Ihren Bauch berühren. Legen Sie die andere flache Hand quer über die Brustpartie des Babys und streichen Sie über die Brust und den kleinen Bauch sanft abwärts. 2

Die Abendmassage | PRAXIS

Arme

> Ölen Sie die Arme Ihres Babys ein. Nun werden die Arme mit denselben Griffen wie bei der Morgenmassage (Melkgriff und Schraubgriff, Seite 56/57) behandelt. Allerdings beginnen Sie diesmal am Oberarm.

> Drehen Sie das Baby wie bei der Morgenmassage auf die Seite, sodass Sie mit dem oben liegenden Arm beginnen können. **3**

Melkgriff

> Halten Sie mit einer Hand das Händchen fest. Der Arm des Babys ist nach oben vom Körper weggestreckt. Mit der anderen Hand umfassen Sie den Oberarm des Babys und »melken« zum Handgelenk hin. **4** Das heißt, Ihre Finger bilden einen Ring, und Sie ziehen Ihre Hand nach oben.

Schraubgriff

> Umschließen Sie einen Oberarm des Babys mit beiden Händen. Massieren Sie nun, indem Sie Ihre Hände gegeneinander drehen, vorsichtig und ohne Druck immer vor und zurück. Dabei wandern Ihre Hände gleichzeitig langsam zum Handgelenk. **5**

> Nun drehen Sie Ihr Kind zur anderen Seite und massieren den anderen Arm ebenso.

Zur Seite drehen **3**

5- bis 10-mal pro Seite **4**

5- bis 10-mal pro Seite **5**

MASSAGEN FÜR JEDEN TAG

 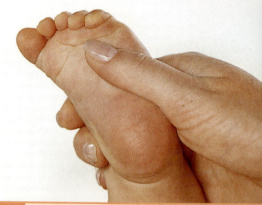

1 5- bis 10-mal pro Seite   **2** 5 bis 10 »Kreise« pro Seite

Beine und Füße

› Ölen Sie die Beine Ihres Babys ein. Nun werden die Beine mit denselben Griffen wie bei der Morgenmassage (Melkgriff, Seite 57) behandelt.
Allerdings massieren Sie jetzt in die entgegengesetzte Richtung: Beginnen Sie am Oberschenkel und arbeiten Sie sich nach oben bis zum Fußgelenk Ihres Babys vor.

Melkgriff

› Ein Bein des Babys wird nach oben gestreckt. Mit einer Hand halten Sie das Füßchen. Massieren Sie jetzt mit der anderen Hand das Bein genauso »melkend« wie vorher die kleinen Arme: Ihre Finger bilden einen Ring, den Sie vom Oberschenkel zum Fußgelenk hin ziehen. **1**

› Sind Sie beim Fußgelenk angekommen, wechseln Ihre Hände in einer fließenden Bewegung: Die Hand, mit der Sie gerade massiert haben, hält jetzt das Füßchen, die andere fängt am Oberschenkel erneut an.

› Als Abschluss halten Sie das Füßchen nach oben. Mit beiden Daumen streichen Sie auf den Fußsohlen auf und ab.

› Massieren Sie die Sohle kreisend mit Ihren Daumen. **2**

› Nun sind das andere Bein und der andere Fuß an der Reihe.

Die Abendmassage | PRAXIS

3 5- bis 10-mal mit jeder Hand   4 5- bis 10-mal pro Seite

Die Körperrückseite

> Um den Rücken Ihres Kindes zu massieren, drehen Sie es auf den Bauch. Sie können das Baby auch so drehen, dass es quer vor Ihnen liegt (Bild 1 auf Seite 58). Ölen Sie als Vorbereitung nochmals gründlich seinen Hinterkopf und den Rücken ein.
> **Hinterkopf:** Streichen Sie mit beiden Händen abwechselnd über den Hinterkopf bis zum Nacken. Umfassen Sie dabei locker den ganzen Kopf. Der Griff ist auf Seite 58 noch einmal ausführlich beschrieben und bebildert.
> **Rücken:** Geben Sie wieder etwas angewärmtes Öl in Ihre Hand. Gießen Sie das Öl langsam an der Wirbelsäule entlang abwärts über den Rücken.
> Legen Sie die Hände quer zum Rücken leicht auf den Nacken. Streichen Sie mit beiden Händen abwechselnd langsam und sanft vom Nacken zur Taille hinunter. Sie bedecken mit Ihren Handflächen den ganzen Rücken und können so jede Muskelbewegung Ihres Babys spüren. 3
> Halten Sie mit einer Hand die Füße; die Beine des Babys sind dabei leicht nach oben gestreckt. Mit der anderen Hand streichen Sie langsam seitlich vom Nacken über Rücken, Po und Beine bis zu den Fersen. 4 Nun wechseln Sie die Hände und streichen die andere Seite ebenso aus. Lassen Sie Ihre ganze Energie in diese Bewegung fließen, sodass der Körper Ihres Babys wohltuend durchströmt wird.
> Zum Abschluss der Abendmassage drehen Sie Ihr Baby wieder auf den Rücken. Ölen Sie Ihre Hände ein, und schließen Sie die Massage mit einem langen Ausstreichen ab: von der Kopfmitte über Gesicht, Schultern, Leib und Beine bis zu den Füßen. Hier verweilen Sie noch etwas.

BABYFRUST STATT BABYGLÜCK ODER WER BIN ICH?

Heutzutage fragt man meist nicht »Wer sind Sie?«, sondern »Was machen Sie?«. Wir werden hauptsächlich über unsere berufliche Betätigung wahrgenommen, was besonders Frauen zu schaffen macht, die vor der Geburt aktiv und erfolgreich im Beruf waren. Typisch etwa das Beispiel der jungen Mutter Eva H., die nach der Geburt ihres Wunschkindes in eine Lebenskrise hineinschlitterte.

Was haben Sie vor der Geburt Ihres Kindes gemacht?
Ich arbeitete als freie Journalistin und war dabei oft rund um die Uhr im Einsatz. Das war zwar anstrengend, aber auch spannend.

Was empfanden Sie die erste Zeit nach der Geburt?
Zuerst natürlich ein noch nie gekanntes Glück. Doch bereits einige Tage danach fühlte ich mich schrecklich unglücklich. Warum genau, war mir damals nicht klar. Ich dachte, solange im Privaten alles gut laufe, würde sich meine Stimmung sicher bald bessern. Weit gefehlt!
Stattdessen ging es mir von Monat zu Monat schlechter, denn ich hatte das Gefühl, den ganzen Tag über nichts »Richtiges« zu tun. Gut, ich stillte, wickelte und versorgte das Kind, kümmerte mich um den Haushalt. Doch auf die allabendliche Frage »Na, was hast du heute gemacht?« konnte ich nur immer die gleiche Leier abspulen.

Wie haben Sie Ihr Leben wieder in den Griff bekommen?
Als meine Tochter elf Monate alt war, bot sich die Chance, von zu Hause aus an einem Projekt zu arbeiten. Trotz aller Kritik meines Umfelds sagte ich zu. Seitdem geht es mir besser. Ich habe immer ein schlechtes Gewissen, wenn ich zu viel arbeite, aber diese Arbeit ist eben meine wichtigste Kraftquelle.

Empfehlen Sie allen Müttern, bald wieder in den Beruf einzusteigen?
Das muss jede selbst entscheiden. Ich habe Freundinnen, die Ihren Job als Mutter genießen und sich im Moment nichts anderes vorstellen können. Doch ob Vollzeit-Mama oder Teilzeit-Jobberin: Wir alle wollen ab und zu hören, dass wir unseren Job gut machen. Wenn einem die Decke auf den Kopf fällt, sollte es möglich sein, sich irgendwie den benötigten Ausgleich zu holen.

Teilmassage für Krabbelkinder **PRAXIS**

Teilmassage für Krabbelkinder

Im achten, neunten Lebensmonat wird es sicherlich langsam schwierig, Ihr Baby mit einer Ganzkörpermassage zu verwöhnen. Natürlich können Sie alle bisher beschriebenen Griffe weiterhin anwenden. Die Frage ist nur, ob Ihr Baby nicht anderweitig beschäftigt ist: So vieles gibt es nun bereits für die Kleinen zu entdecken. Deshalb mag Ihr Kind vielleicht nicht mehr lange ruhig liegen. Es kann sein, dass es Ihnen mittendrin einfach davonkrabbelt. Deshalb bietet sich jetzt eher eine kürzere Teilmassage an, die wir Ihnen auf den nachfolgenden Seiten vorstellen möchten.

› Überall gibt's etwas zu bestaunen.

Dem Babyrücken Gutes tun

Eine Rückenmassage ist als Teilmassage sehr zu empfehlen: Auch Babys haben oft schon Verspannungen im Rücken und genießen deshalb die Massage sehr. Sie können sie durchführen, während das Baby vor Ihnen sitzt. Die Griffe sollten Sie jeweils 10- bis 15-mal wiederholen.

Kleine Entdecker leben gefährlich

Ganz wichtig ab dem Krabbelalter: Stövchen oder Teelicht zaubern eine gemütliche Atmosphäre, dürfen sich aber ebenso wie das Massageöl nicht in Reichweite Ihres kleinen Bewegungstalents befinden!

Sowohl Teelicht als auch Öl sind begehrte Objekte für kleine Entdecker, wobei das flackernde Licht der Kerze sicherlich den größeren Reiz ausübt.
Sie werden bald feststellen, dass mit zunehmendem Alter die Massage Ihres Babys immer schwieriger wird, da die Kleinen ihre Mamas ganz schön auf Trab halten können. Und eben das ist für den wirkungsvollen und fließenden Ablauf einer Babymassage störend.
Damit Sie nicht immer Angst haben müssen, dass Kerzen umfallen oder Ihr Baby sich an der Flamme brennt, sollten Sie auf das stimmungsvolle Kerzen-Ambiente verzichten und das Öl stattdessen in einem elektrischen Fläschchenwärmer auf Temperatur halten.

MASSAGEN FÜR JEDEN TAG

1 10- bis 15-mal   2 10- bis 15-mal

Entspannende Massage für den Babyrücken

> Ölen Sie den Rücken Ihres Babys ein. Geben Sie dazu Öl auf Ihre Hände und streichen Sie dann über den Rücken.
> Streichen Sie mit beiden flachen Händen gleichzeitig rechts und links die Schulterpartie aus, und zwar vom Halsansatz über die Schultern bis zu den Oberarmen.
> Die gleiche Bewegung von innen nach außen führen Sie nun mit den Daumen aus. Sie dürfen dabei ruhig etwas stärkeren Druck ausüben. 1

> Legen Sie die Hände nebeneinander auf den unteren Rücken des Babys.
> Nun streichen Sie von der Taille aufwärts über den Rücken bis zum Halsansatz des Kindes. 2
> Ohne die Bewegung zu unterbrechen, streichen Sie dann mit beiden Händen über die Schultern und am seitlichen Rücken entlang zurück zur Taille.
> Beide Daumen fahren nun links und rechts an der Wirbelsäule entlang vorsichtig und mit wenig Druck nach oben, von der Taille zum Halsansatz.
> Oben angekommen, streichen Sie mit den flachen Händen über die Schultern und den Rücken zurück zur Taille.
Wichtig: Niemals direkt auf der Wirbelsäule, sondern nur daneben massieren!

Teilmassage für Krabbelkinder PRAXIS

3 10- bis 15-mal pro Seite   **4** 10- bis 15-mal

> Beginnen Sie nun am unteren Rücken: Sie streichen mit der rechten, flachen Hand quer von links nach rechts über den Rücken, danach mit der linken Hand von rechts nach links.
> Fahren Sie fort: Beide Hände streichen den Rücken abwechselnd zur Seite hin aus. Dabei »arbeiten« Sie sich von der Taille bis zum Halsansatz hinauf.
> Legen Sie die Fingerspitzen Ihrer rechten Hand auf den Nacken Ihres Babys, unterhalb des rechten Ohres.
> Streichen Sie dann über die Schultermulde bis zum Oberarm den ganzen Schulterbereich aus. Denselben Griff führen Sie dann mit der linken Hand an der linken Schulterseite aus. **3**

> Zum Abschluss legen Sie beide Hände quer nebeneinander auf den unteren Rücken des Babys. Streichen Sie mit flachen Händen von der Taille bis zum Nacken über den Rücken.
> Ohne die Bewegung zu unterbrechen, streichen Sie nun fließend über die Schultern und den seitlichen Rücken zurück zur Taille. **4**

MASSAGEN FÜR JEDEN TAG

1 1-mal rundherum

Wenn es schnell gehen muss ...

Falls die Zeit einmal knapp ist oder Ihr Baby es eilig hat, die Welt zu entdecken, können Sie ab dem 8. Monat auch diese Massage-Kurzversionen ausprobieren.

Kurzmassage

› Geben Sie in jedes Öhrchen ein bis zwei Tropfen Sesamöl.
› Ölen Sie Ihre Hände ein. Legen Sie sie links und rechts neben die Fontanelle. **1** und streichen Sie von der oberen Kopfmitte seitlich am Gesicht entlang, dann am Körper abwärts zu den Füßen.
› Nun drehen Sie Ihr Baby auf den Bauch und massieren auch die Rückseite des Körpers mit einer sanften Streichbewegung. Dabei über Hinterkopf, Nacken, Rücken und Beine bis zu den Fußsohlen Ihres Babys streichen.
› Zum Abschluss die Babyfüße einen Moment in den Händen halten.

WaPee-Care-Massage

› Reinigt und pflegt die Haut, aktiviert den Stoffwechsel. »WaPee-Care« gibt's auch für Mamas: Auf Seite 107 finden Sie mehr dazu.
› Sie brauchen: 50 ml biologisches Sonnenblumenöl, 30 ml Calendulaöl, 20 ml Johanniskrautöl, 20 g Bienenwachs (vom Bio-Imker), 30 g Kakaobutter; außerdem natürliches, flüssiges Vitamin E (Alpha-Tocopherol) und 1 TL Maisgrieß (Polenta).
› Öle, Fette und Wachs auf dem Wasserbad bei 50 bis 60° gemeinsam erwärmen bzw. zum Schmelzen bringen.
› Wenn sich alles verflüssigt hat, 5 Tropfen Vitamin E einrühren.
› Auf ca. 35° abkühlen lassen und zuletzt den Maisgrieß unterrühren. In einen verschließbaren Glastiegel abfüllen.
› Reiben Sie sanft in kreisenden Bewegungen den Körper Ihres Kindes mit WaPee-Care ein und waschen Sie anschließend den Balsam warm ab.

PRAXIS · Was Ihrem Baby sonst noch gefällt

Was Ihrem Baby sonst noch gefällt

Ob mit kleinen, sanften Gymnastikübungen oder einem entspannenden Bad: Babys lassen sich ausgesprochen gern verwöhnen. Und wenn sie erst einmal ans Verwöhnen gewöhnt sind, möchten sie immer mehr davon haben. Damit Ihnen die Ideen nicht ausgehen, hier einige Anregungen, womit Sie Ihrem Kind rund um die Massage noch eine Freude machen können.

Aromatherapie

Unter Aromatherapie versteht man Anwendungen mit wohltuenden naturreinen Düften, die vom Behandelten eingeatmet werden. Eine Massage mit einer Mischung aus Basisöl und ätherischen Ölen ist ein Beispiel für eine solche Anwendung. Aber auch eine kleine Duftlampe, mit deren Hilfe man ätherische Öle im Raum verdampfen lassen kann, zeigt große Wirkung. Achtung: Die Duftlampe niemals in Reichweite des Kindes aufstellen.

Das Bad danach

Eine besondere Wohltat aus dem Kreis der Aromatherapie-Anwendungen ist das warme Bad mit aromatischen Zusätzen. Das ist nicht nur für das Baby ein Hoch-genuss, sondern auch für die Mama, die ebenfalls von den Düften profitiert.

In Indien werden die Babys nach der Massage meist gebadet. Das geschieht nicht etwa, um das Öl abzuwaschen, sondern um die vorangegangene Massage zu intensivieren. Durch die Wärme des Wassers werden die Wirkstoffe der verwendeten Ölmischungen nämlich noch tiefer in den Körper transportiert. Das warme Wasser löst außerdem die letzten noch vorhandenen Verspannungen. So fühlt sich Ihr Baby nach der Massage rundum wohl und zufrieden.

TIPP

WOHLTUENDE BADEZUSÄTZE

Geben Sie einige Tropfen ätherisches Öl mit einem Teelöffel Sahne oder Milch vermischt ins Badewasser. Pur ins Wasser gegeben könnten die ätherischen Öle die Babyhaut reizen.

> Als Anregung und Muntermacher: Jeweils 2 Tropfen ätherisches Mandarinenöl (wirkt entkrampfend) und Zitronenöl (erfrischend).

> Zum Entspannen und Träumen: 4 Tropfen Lavendelöl unter Sahne oder Milch mischen.

MASSAGEN FÜR JEDEN TAG

1 3- bis 5-mal pro Seite

2 3- bis 5-mal pro Seite

Yoga für die Kleinsten

In Indien wird die Babymassage traditionell mit einigen kleinen Yoga-Übungen abgeschlossen. Sie lösen so auf sanfte Weise kleinere Verspannungen und Blockaden. Die hier vorgestellten Übungen eignen sich für Babys ab 3 Monaten.

Arme verschränken

> Das Baby liegt vor Ihnen auf einer bequemen, nicht zu weichen Unterlage oder auf Ihren Beinen. Sie halten beide Händchen in den Händen.
> Breiten Sie nun die Arme des Babys gestreckt zur Seite aus und kreuzen Sie sie dann über dem Brustkorb des Kindes. 1

> So wiederholen, dass beim Kreuzen der Arme der andere Arm unten ist. Die Übung 3- bis 5-mal wiederholen.

Arm und Bein über Kreuz

> Fassen Sie mit einer Ihrer Hände behutsam die rechte Babyhand und nehmen Sie den linken Fuß des Babys in Ihre andere Hand.
> Den rechten Arm des Babys schräg nach unten, das linke Bein gleichzeitig schräg nach oben führen, sodass sie sich über der Körpermitte kreuzen. 2
> Den Bewegungsablauf mit dem linken Arm und rechten Bein wiederholen. Auf jeder Seite 3 bis 5 Wiederholungen.
Wichtig: Diese Übung nur bei Babys mit gesundem Hüftgelenk ausführen.

Yoga-Atemübungen   PRAXIS

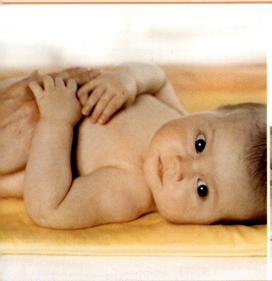
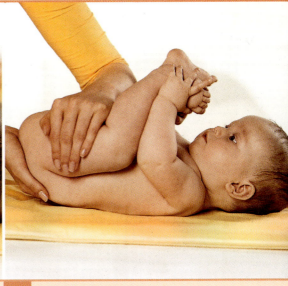

3 3 bis 5 Minuten   **4** 3 bis 5 Minuten

Yoga-Atemübungen

Mit diesen einfachen Atemübungen aus dem Yoga können Sie Atemzug um Atemzug gemeinsam genießen. Mit beiden Übungen können Sie kurz nach der Geburt beginnen, wobei 3 bis 5 Minuten pro Übung völlig ausreichen.

Atmen mit dem Baby

> Das Baby liegt auf dem Rücken vor Ihnen, es kann Sie gut sehen.
> Legen Sie eine Hand auf Babys Bauch und spüren Sie, wie die Luft in Lungen und Bauchraum ein- und ausströmt und sich Brust und Bauch heben. **3**
> Stellen Sie eine Verbindung zu Ihrem Baby her, indem Sie versuchen im Gleichklang mit seinen Atemzügen zu atmen. Danach die Hand vom Bauch des Kindes lösen.

Für tiefen Atem

> Das Baby liegt vor Ihnen auf dem Wickeltisch, die Beine zeigen zu Ihnen.
> Fassen Sie mit einer Hand den Po, mit der anderen beide Beine an den Oberschenkeln oberhalb der Kniekehlen und ziehen Sie beim nächsten Ausatmen die Beine sanft zum Bauch hin. **4**
> Kurz in dieser Haltung verweilen und das Baby einige Male ein- und ausatmen lassen.
> Beim nächsten Ausatmen die Beine loslassen. 5-mal wiederholen, dabei auf den Atemrhythmus des Kindes achten.

Zärtlichkeit und sanfte Klänge

Neugeborene reagieren sehr sensibel auf Geräusche und Klänge. Dies ist einer der Gründe, warum in vielen Kulturen Mutter und Kind die erste Zeit nach der Geburt eher zurückgezogen verbringen. Statt mit ausgelassenen Feiern macht man dem kleinen Erdenbürger durch sanfte Klänge die Wirklichkeit schmackhaft. Bei indianischen Völkern wird gern Flötenspiel eingesetzt. Im asiatischen Raum lockt man die Babys mit feinen Glöckchen oder mit Klangschalen, die auch bei uns immer beliebter werden.

Klangschalenzauber

Das harmonische Tönen von Klangschalen wirkt beruhigend und wird oft als therapeutisches Mittel eingesetzt. Streicheln doch auch Sie Ihr Baby mit den wohlklingenden Tönen. Probieren Sie es am besten selbst als Abschluss einer Bauchmassage (Seite 79) aus. Stellen Sie eine Klangschale auf Ihre Bauchmitte. Schlagen Sie sie vorsichtig an, schließen Sie die Augen und geben Sie sich den sanft strömenden Wellen hin.

Klangschalenzauber · **PRAXIS**

Die Massage »einläuten«

> Setzen Sie ein Zeichen für Ihr Baby, dass die täglichen Streicheleinheiten jetzt beginnen. Schon nach einigen Malen wird der Klang allein entspannend auf Ihr Kind wirken.

> Wenn Sie mit den Vorbereitungen fertig sind, schlagen Sie eine Klangschale an (siehe Kasten).

> Lassen Sie den Ton ganz ausklingen und fangen Sie erst dann an, Ihr Baby zu massieren.

> **Variante:** Wenn Ihr Baby ein paar Monate alt ist, können Sie auch mehrere Klangschalen in verschiedenen Tonhöhen um das Kind herum aufstellen und nacheinander anschlagen.

> **Variante:** Bei einem etwas älteren Baby können Sie, wenn es das mag, auch vor und nach der Massage eine Klangschale auf den Babyrücken stellen und leicht anschlagen.

Wichtig: Die Schalen nie zu nah an Babys Kopf anschlagen, damit es nicht erschrickt und deswegen in Zukunft vielleicht keine Lust mehr auf den Klangschalenzauber hat.

Klangmassage mit Ghee

> Wirkt kühlend und entspannend.

> Wärmen Sie eine sehr kleine Klangschale einige Minuten in Ihren Händen an.

> Legen Sie Ihr Baby auf den Rücken und streichen Sie etwas Ghee auf die Fußsohlen.

> Fassen Sie die Öffnung der Klangschale mit einer Hand. In vielen kleinen, sanften Kreisen massieren Sie nun mit dem Boden der Schale die Fußsohlen Ihres Kindes, bis das Ghee in die Haut eingezogen ist.

> **Tipp:** Bevor Sie mit dieser Massage beginnen, können Sie die Schale einmal zum Klingen bringen.

KLANGSCHALEN-VIELFALT

> Achten Sie beim Kauf von Klangschalen auf gute Qualität, die Sie am Wohlklang erkennen. Es gibt mittlerweile gute Ausführungen, die nicht so teuer sind wie die original tibetischen oder nepalesischen. Sie erhalten sie im Asia- oder Eine-Welt-Laden.

> Je größer eine Schale, umso tiefer ihr Ton. Wichtig ist, ob der Klang der Schale Sie spontan anspricht.

> Das Anschlagen einer Klangschale ist eine Kunst für sich. Deshalb liegt guten Klangschalen eine Beschreibung bei. Und dann hilft nur noch Üben …

TIPP

Babys Beschwerden lindern

Wenn ihr Baby Schmerzen hat, ist es für jede Mutter und jeden Vater schlimm. Beim ersten Kind aber ist diese Situation besonders unerträglich: Die Eltern haben noch keine Erfahrung damit, wie sie ihrem Kind helfen können. Hinzu kommt, dass sich das Wohlbefinden eines Säuglings manchmal sehr rasch ändert. Das größte Problem aber ist, dass das Baby nicht sagen kann, was ihm fehlt – es kann nur herzzerreißend weinen. Noch unsere Großmütter hatten einiges auf Lager, wenn es darum ging, kleinere Alltagsbeschwerden zu lindern. Dieses Wissen um eine gesundheitliche »Grundversorgung« mit sanften Hausmitteln war früher in allen Kulturen in den Händen der Frauen. Leider sind diese Kenntnisse heute bei uns zum großen Teil in Vergessenheit geraten.

Dabei hat es sich bewährt, wenn Eltern einige Handgriffe und Anwendungen kennen, die dem Kind gut tun. Wenn Ihr Baby jedoch ernsthaft erkrankt ist, sprechen Sie sich unbedingt mit Ihrem Kinderarzt ab, bevor Sie es massieren.

PRAXIS Wenn Babys Bauch schmerzt

Wenn Babys Bauch schmerzt

Bauchschmerzen, die auf Verdauungsprobleme und Blähungen zurückzuführen sind, sind wohl die häufigste Ursache, wenn sich Babys unwohl fühlen. Dabei kann sich das Unwohlsein sowohl in Nörgeleien, aber auch in nicht enden wollenden Schreitiraden äußern. Glücklich ist in dieser Situation derjenige, der weiß, was sein Baby hat und wie er dem Kleinen schnell helfen kann …
Tatsache ist, dass schmerzhafte Blähungen vor allem während der ersten drei Monate nach der Geburt auftreten. Über die Ursache der von vielen Eltern gefürchteten Dreimonatskoliken ist man sich sogar in Fachkreisen nicht einig.

Ihre Ernährung spielt ebenfalls eine Rolle

Auch Ernährungsfehler der stillenden Mutter können in einigen Fällen die Bauchschmerzen verursachen. Beispielsweise sind Blattsalate oder Kohlgemüse nicht gerade der »Ernährungs-Hit« für stillende Mütter. Hier ist es zuweilen erstaunlich, was selbst auf Wochenbettstationen in manchen Kliniken den Müttern zum Essen serviert wird. Dabei sind zum Beispiel Sauerkraut mit fettem Kartoffelbrei oder Schweineschnitzel mit Rosenkohl gänzlich ungeeignete Nahrung

für eine Frau im Wochenbett. Wenn es nun in Ihrem Bauch rumort, weil Sie solch blähende Mahlzeiten zu sich genommen haben, wissen Sie in ungefähr, wie es Ihrem Baby ergeht. Schließlich nimmt Ihr Baby mit der Muttermilch die Wirkstoffe Ihrer Nahrung auf. Kein Wunder also, wenn in seinem Bäuchlein nun das Gleiche passiert wie in Ihrem. Die Blähungen sind für den kleinen Babybauch jedoch viel schmerzhafter als bei einem Erwachsenen.

NIEMALS BEI FIEBER MASSIEREN!

Bei Fieber darf unter gar keinen Umständen massiert werden (siehe auch Kasten Seite 52). Die Massage würde den kleinen Organismus zu sehr belasten. Wenn ein Baby Fieber hat, trocknet es durch die erhöhte Körpertemperatur sehr schnell aus. Deshalb sollten Sie gerade mit einem Baby nichts riskieren: Wenn Sie auch nur den geringsten Verdacht haben, dass es dem Kleinen wirklich schlecht geht, suchen Sie unbedingt den Kinderarzt auf, denn hier gilt: Lieber dreimal zu oft als einmal zu wenig kontrollieren!

! WICHTIG

77

BABYS BESCHWERDEN LINDERN

Sanfte Hilfe für den Babybauch

Wenn Ihr Kind immer wieder unter mehr oder weniger starken Blähungen leidet, können Sie mit regelmäßig durchgeführten Massagen den Beschwerden auf jeden Fall vorbeugen. Manchmal können die Bauchschmerzen so verhindert, auf jeden Fall aber gemildert werden. Sollte Ihr Kind trotz täglicher Ganzkörper-Massagen häufig unter Bauchschmerzen leiden, können Sie auf jeden Fall eine sanfte Massage wie in den folgenden Anleitungen beschrieben anwenden. Die Bauchmassagen funktionieren sowohl vorbeugend als auch im Akutfall.

Heilende Ölmischungen

Doch nicht nur die Massage selbst, auch das Massageöl kann gegen die Schmerzen helfen. Früher war Großmutters »Windsalbe« das Mittel der Wahl bei Bauchschmerzen von Klein und Groß, das man in fast allen Apotheken fertig gemischt kaufen konnte. Und auch heute gibt es noch verschiedene Produkte, die gegen Babys Blähungen helfen sollen und die meist mit den ätherischen Ölen von Kümmel und Fenchel arbeiten. Doch egal, für welches Öl oder für welche Bauchweh-Creme Sie sich entscheiden: Achten Sie darauf, dass die Trägersubstanz nicht Vaseline ist, denn dieses billige Abfallprodukt der Ölindustrie ist dafür bekannt, Poren zu verstopfen und Allergien auszulösen.

Ideal sind stattdessen natürliche Produkte mit kaltgepressten, pflanzlichen Ölen als Grundlage, die – im Gegensatz zur nahezu »inhaltslosen« Vaseline – zudem noch sehr reich an verschiedenen Wirk- und Pflegestoffen sind.

TIPP

HAUSMITTEL GEGEN BAUCHWEH

> Wenn Sie Ihr Kind stillen, können Sie ihm über die Milch ein bewährtes Hausmittel gegen Bauchschmerzen »verabreichen«: Besorgen Sie sich im Naturkostladen Bockshornkleesamen. Wenn Sie Ihre Speisen damit würzen, bekommt auch Ihr Baby genügend hilfreiche Wirkstoffe über die Muttermilch ab. Sparsam verwenden, da die Speisen sonst bitter werden.

> Stillende Mütter können außerdem Fencheltee beziehungsweise eine Teemischung aus Anis, Fenchel und Kümmel trinken. Über die Muttermilch beruhigen die in den Tees enthaltenen Wirkstoffe nämlich auch den Bauch des Kindes.

Wenn Babys Bauch schmerzt PRAXIS

Kreisende Bauchmassage

Wichtig: Nur dann massieren, wenn der Nabel völlig verheilt ist.
- Sie brauchen: 30 ml Sesamöl, je 1 Tropfen ätherisches Fenchel-, Kümmel- und Lavendelöl.
- Sesamöl und ätherische Öle mischen und gut durchschütteln.
- Wärmen Sie das Öl etwas an (siehe Seite 49), und testen Sie, ob es etwa Körpertemperatur hat. Achten Sie bei dieser Massage besonders darauf, dass Ihre Hände schön warm sind.
- Lassen Sie einige Tropfen des Massageöls in die Mulde des Bauchnabels Ihres Babys fließen.
- Legen Sie eine Hand auf das Köpfchen, die andere quer über den Bauch des Kindes. Verweilen Sie eine Minute in dieser Haltung.
- »Malen« Sie mit den Fingerspitzen im Uhrzeigersinn vom Nabel aus beginnend eine immer weiter werdenende Spirale auf den Babybauch. **1** Wiederholen Sie diese Spiralbewegung 3-mal.

Bauchweh wegstreichen

- Legen Sie die rechte Hand flach in Magenhöhe auf den Babybauch.
- Streichen Sie nun vom Magen über den Bauch abwärts. Kurz bevor Sie die Bewegung beenden, um oben wieder anzufangen, folgt die linke Hand mit dem gleichem Ablauf, sodass das Baby immer eine Ihrer Hände lindernd auf dem Bauch spürt. **2**
- Wiederholen Sie die Abläufe 10-mal.
- Nehmen Sie die Ausgangsstellung der »kreisenden Bauchmassage« (siehe links) ein: Eine Ihrer Hände liegt auf dem Kopf des Babys, die andere auf dem Bauch. Verweilen Sie nun noch eine Minute in dieser Haltung.

1 3-mal

2 10-mal mit jeder Hand

BABYS BESCHWERDEN LINDERN

Das Baby erbricht sich

Wenn ein Baby erbricht, müssen Sie nicht in Panik geraten: Vielleicht hat es nur zu hastig getrunken oder bekommt sein »Bäuerchen« nicht richtig heraus.

Um den Babymagen und -bauch wieder zu beruhigen, hilft oft eine Massage mit einem beruhigenden Öl, wie sie rechts beschrieben ist.

Erbricht Ihr Baby allerdings ständig die Nahrung, sollten Sie unbedingt den Arzt aufsuchen!

WICHTIG !

HAUTTEST

> Bevor Sie Ihr Baby mit Neembaumöl massieren, sollten Sie unbedingt einen Hautreaktionstest machen (Anleitung auf Seite 50).
> Es empfiehlt sich, das Neembaumöl mit einem antiallergenen Basisöl wie Hanföl oder Nachtkerzenöl zu vermengen, die einen hohen Anteil an Gammalinolensäure besitzen.
> Auch Johanniskrautöl mildert das intensive Neembaumöl etwas ab, was besonders im empfindlichen Bereich von Babys Brust wichtig ist.

Massage bei Erbrechen

> Sie brauchen: 5 ml Sesamöl, 1 Tropfen ätherisches Fenchelöl.
> Verrühren Sie die Öle. Diese Mischung erwärmt den Bauch und beruhigt ihn.
> Wärmen Sie das Öl etwas an (siehe Seite 49) und testen Sie die Temperatur. Das Öl sollte etwa Körpertemperatur haben.
> Verreiben Sie etwas Öl zwischen den Händen und massieren Sie den Bauch in sanften Kreisen im Uhrzeigersinn rund um den Nabel.
> Gehen Sie dabei besonders sensibel vor, denn es kann sein, dass Ihr Baby Magenschmerzen hat, sodass ihm Ihre Finger zusätzliche Schmerzen verursachen. Deshalb auf keinen Fall zu viel Druck ausüben!

Wichtig: Das Bäuchlein niemals gegen den Uhrzeigersinn massieren.

Hilfe bei Erkältung

Babys neigen zu Infekten, denn der kindliche Organismus muss erst noch lernen, mit Fremdstoffen, Bakterien und Viren umzugehen. Ist das Baby erkältet, aber fieberfrei (siehe Kasten Seite 77), darf es massiert werden. Neben den angegebenen Mischungen eignet sich hierzu hervorragend das indische Neembaumöl (siehe Kasten). Es wirkt schmerzstillend, hautpflegend und hilft bei Husten.

Hilfe bei Erkältung   PRAXIS

1 Ein paar Minuten ...   **2** ... ganz nach Gefühl

Massage bei Erkältung

> Wirkt erwärmend, krampf- und schleimlösend.
> Sie brauchen: 30 ml Sesamöl, 2 Tropfen Lavendelöl, je 1 Tropfen Cajeput- und Myrtenöl.
> Die Öle gut vermischen, anwärmen (siehe Seite 49) und die Temperatur testen. Das Öl sollte etwa Körpertemperatur haben.
> Verreiben Sie etwas Öl zwischen Ihren Händen und massieren Sie Brust und Rücken des Babys sanft mit Streichungen und kreisenden Bewegungen. **1**

Festsitzenden Husten lösen

> Sie brauchen: je 25 g Eibischwurzelpulver und Süßholzpulver, 10 g Gewürznelken, je 250 ml Wasser und Sesamöl.
> Die Pulver im Wasser verrühren. Die Gewürznelken hinzugeben und alles mit dem Sesamöl zum Kochen bringen.
> Dann auf mittlerer Hitze unter ständigem Rühren köcheln lassen, bis das Wasser komplett verdunstet ist (1 bis 1 1/2 Stunden). Das fertige Öl durch ein Mulltuch abseihen. Wirkt auswurffördernd.
> Wärmen Sie das Öl wie auf Seite 49 beschrieben an und massieren Sie damit in sanften Kreisen den Brustbereich des Babys. **2**

Hustenreiz lindern

> Sie brauchen: 50 g Trikatupulver (Ayurveda-Versandfirmen, siehe Seite 124), je 250 ml Wasser und Sesamöl.
> Die Mischung wie links für den »Festsitzenden Husten« beschrieben herstellen und Babys Brust wie dort erklärt massieren.

BABYS BESCHWERDEN LINDERN

Sonnenbrand lindern

Eine Sonnenmenge, die uns Erwachsenen noch gut tut, ist für ein Baby schon viel zu viel. Setzen Sie Ihr Baby deshalb nie der direkten Sonne aus. Wenn es sich einmal nicht vermeiden lässt, müssen Sie die Babyhaut auf jeden Fall mit entsprechender Kleidung – leicht, luftig und trotzdem sonnenundurchlässig – und einem gut verträglichen Sonnenschutzmittel mit höchstem Lichtschutzfaktor schützen. Ist es trotzdem zu kleineren Rötungen gekommen, hilft folgende Sandelholz-Rosen-Paste, den Schaden einzugrenzen. Hat sich Ihr Baby dagegen einen starken Sonnenbrand zugezogen, vielleicht sogar mit Fieber, müssen Sie unbedingt sofort einen Arzt aufsuchen!

TIPP

HILFE BEI NEURODERMITIS

Folgende Öle enthalten viel Gammalinolensäure. Sie eignen sich deshalb besonders für Neurodermitis-Kinder:

- **Nachtkerzenöl**
- **Borretschsamenöl**
- **Johannisbeersamenöl**
- **Hanföl** (am preiswertesten und leicht erhältlich)

Sandelholz-Rosen-Paste

- Wirkt kühlend und lindernd.
- Sie brauchen: Sandelholzpulver, Rosenwasser (Mengen je nach Größe der betroffenen Hautfläche).
- Das Sandelholzpulver mit so viel Rosenwasser verrühren, dass eine dicke, geschmeidige Paste entsteht. Die Paste vorsichtig auf die geröteten Stellen auftragen. 15 Minuten einwirken lassen und danach sorgfältig abwaschen.

Bei Neurodermitis

Seit einigen Jahren leiden immer mehr Babys an Neurodermitis. Diese Krankheit äußert sich in geröteter, schuppiger Haut an empfindlichen Hautpartien, verbunden mit einem starken Juckreiz. Neurodermitis muss auf jeden Fall vom Arzt behandelt werden; parallel zu dieser Behandlung können Sie Ihrem Baby aber zusätzlich mit sanften Ölmassagen helfen (siehe Kasten links).

Unterstützende Massagen

Bei Neurodermitis eignen sich besonders Öle mit einem hohen Anteil an Gammalinolensäure. Diese ungesättigte Fettsäure ist auch in der Muttermilch enthalten – ein Grund, warum nach dem Abstillen oft neurodermitische Schübe auftreten.

82

Unruhe, Angst & Co.   PRAXIS

Erste Hilfe bei Unruhe, Angst & Co.

Sie als Eltern kennen diese Situationen sicher: Ein normalerweise völlig gesundes und ausgeglichenes Baby ist auf einmal wie ausgewechselt. Es ist aufgeregt und scheint überhaupt nicht zur Ruhe zu kommen. Oder es hat einen Tag, an welchem es beim leisesten Geräusch, bei der kleinsten Störung zusammenfährt. In diesen Fällen gibt es einige Tricks und Übungen, Ihr Kind zumindest wieder etwas zur Ruhe kommen zu lassen.

Andere Ursachen ausschließen

Das Wichtigste ist nun, dass Sie trotz der »Laune« Ihres Babys ruhig bleiben und Ihr Kind erst einmal untersuchen: Hat es vielleicht einen Mückenstich, der es quält, ist der Popo wund oder hat es Ohrenschmerzen? Wenn Sie diese Punkte ausschließen können, sollten Sie zunächst einmal sich selbst und Ihre Umgebung beobachten: Sind Sie heute nervös und fahrig? War oder ist Ihr Kind kurzzeitig Lärm und Hektik ausgesetzt?

... und sich dann Ruhe gönnen

In diesem Fall sollten Sie beide eine kleine Pause vom Alltag einlegen und sich in einen ruhigen Raum zurückziehen. Hören Sie gemeinsam Musik, die beruhigt (siehe Tipps Seite 47), vielleicht ist ja auch etwas Zeit, sich und dem Baby eine kleine Massage und einige tiefe Atemzüge (siehe Seite 73) zu gönnen.

Beruhigende Massagen und kleine Tricks

> Lieben Sie Lavendelduft mit seiner besänftigenden Wirkung? Dann sollten Sie dies auch für Ihr Baby nutzen. Legen Sie ein kleines Säckchen mit Lavendelblüten auf sein Kopfkissen oder hängen Sie das Säckchen über seinem Bett auf. Wichtig: Auf unbehandelte Lavendelblüten achten!

> Auch eine Fußmassage kann schnelle Abhilfe schaffen. Dafür das ganze Füßchen massieren, indem Sie immer wieder sehr sanft mit dem Daumen von den Zehen bis zur Ferse streichen.

Nicht nur Babys genießen Geborgenheit und Wärme nach einem langen Tag.

BABYS BESCHWERDEN LINDERN

Babystress lass nach

Sicher, für uns Erwachsene gehört Stress ebenso zum Leben wie Entspannung. Solche Herausforderungen schaden uns nicht, wenn das Verhältnis von Anspannung und Entspannung stimmt. Doch wie sieht das bei Babys aus? Sie meinen, Babys hätten noch keinen Stress? Weit gefehlt, denn viele Dinge, die für uns ganz normal und alltäglich sind, haben Babys noch nie erlebt. Sie machen ihnen Angst, den Kindern fehlt die Entspannung in Form von Ruhe oder von Mamas Nähe. In der Folge werden die Kleinen nervös – und haben Babystress!

Vielfältige Stressfaktoren

Bei Babys reicht es häufig schon aus, dass seine engsten Bezugspersonen unruhig sind, was die Kleinen als ungewohnte Situation und damit als Stress empfinden. In diesen Fällen können Sie selbst etwas tun, indem Sie – vielleicht mit Ihrem Kind – zur Ruhe kommen, beispielsweise wie auf Seite 83 beschrieben.

Doch gibt es eben auch Situationen, an denen man nichts ändern kann: Ihr Baby muss etwa zum Kinderarzt und das Sitzen im Wartezimmer wird zur Tortur, da Ihr Baby sich nicht wohl fühlt und nur noch brüllt. Oder Ihr Kind muss für einige Tage ins Krankenhaus, also raus aus der gewohnten Umgebung – Stress pur fürs

Kind. Vielleicht steht auch eine lange Autofahrt an und Ihr Kind hat so überhaupt nichts fürs Autofahren übrig. Sie sehen, es gibt viele Situationen, die Ihr Kind »stressen«, an denen Sie aus diversen Gründen aber nichts ändern können. Für diese Momente haben wir einige kleine Massagen und Handgriffe, die Ihrem Baby – und damit auch Ihnen – das Leben erleichtern werden.

Stressfaktor 1: Autofahrt

Autofahrten – egal ob kurz oder lang – werden für einige Babys zum Problem, da sie von den am Fenster vorbeiziehenden, ständig wechselnden Bildern überfordert sind. Hier schaffen eine übers Autofenster gespannte Mullwindel und eine vertraute Spieluhr, die über der Babyschale aufgehängt wird und die Aufmerksamkeit des Kindes auf sich zieht, schnelle Abhilfe. Sollte Ihr Baby sich auf längeren Fahrten immer wieder übergeben, leidet es wahrscheinlich an der Reisekrankheit. Die dagegen erhältlichen Medikamente sind nicht für Babys und Kleinkinder geeignet! Legen Sie stattdessen ein frisches Petersilensträußchen neben Babys Kopf oder hängen Sie das Sträußchen am Griff der Babyschale auf. Seine ätherischen Öle lindern den Brechreiz auf natürliche Weise. Aber auch eine Kassette oder CD mit vertrauter Musik kann Ihrem Baby ein Stück Geborgenheit während der ungeliebten Autofahrt vermitteln.

Babystress lass nach | **PRAXIS**

Stressfaktor 2: Wartezimmer

So schön die Vorsorge-Untersuchungen sind, auch sie sind genauso wie »normale« Arzt- oder Behördenbesuche mit Wartestress fürs Baby verbunden. Achten Sie zuerst einmal darauf, dass Ihr Kind weder schwitzt noch friert und auch keinen Hunger oder Durst hat, denn alle vier Faktoren können das Babyleben unerträglich machen. Sollte Ihr Baby unruhig werden beziehungsweise zu schreien beginnen, können Sie es in seiner Lieblingsposition halten und ihm ein vertrautes Lied ins Ohr summen. Aber auch kleine einfache Fingerspiele können oftmals von der ungewohnten und fürs Baby damit unangenehmen Situation ablenken. Vielleicht liebt Ihr Baby aber auch seine täglichen Fußmassagen oder Yogaübungen? Dann legen Sie es auf Ihre Oberschenkel und massieren Sie die Füßchen wie auf Seite 57 beschrieben. Oder Sie machen die Überkreuzübungen, wie sie auf Seite 72 gezeigt werden. Wichtig ist auch in dieser Situation, dass Sie es schaffen, die Aufmerksamkeit Ihres Babys vom Ungewohnten hin zum Gewohnten und Vertrauten zu lenken.

Stressfaktor 3: Umzug oder Urlaub

Während Familien früher kaum aus ihrer vertrauten Umgebung wegzogen, ist der Familienumzug heute, im Zeitalter der Mobilität, gang und gäbe. Doch es muss nicht immer gleich ein Wohnungswechsel

› Was wird denn hier erzählt? Sicher etwas ganz Spannendes oder Lustiges, das allen Stress vergessen lässt.

sein, für ein Baby kommt schon ein Urlaub in neuer Umgebung einem Umzug gleich, kann es doch nicht verstehen, dass der Aufenthalt in der ungewohnten Umgebung nur für begrenzte Zeit ist. Die Maßnahmen sind in beiden Fällen gleich: Auch hier sollten Sie mithilfe einiger vertrauter Gegenstände und Rituale Ihrem Kind das nötige »Daheim-Gefühl« geben. Das kann von der gewohnten Musik über Spieluhren, Kuscheltiere, ein Tuch mit Mamas Geruch bis hin zur im Urlaub zelebrierten Massage reichen. Sie werden sehen, die Aufregung um die ungewohnte Umgebung ist schnell wieder vergessen. Vielleicht ist ja auch gerade jetzt einmal mehr Zeit für die Streicheleinheiten für Haut und Seele, die dann vielleicht noch in einem gemeinsamen Bad mit Mama oder Papa enden können …

WENN MAMA BABYSTRESS HAT

Sicher kennen Sie die Situation: Aus irgendeinem Grund sind Sie heute nervös und unkonzentriert – und schon hat Ihr Stimmungstief auch Ihr an sich fröhliches und ausgeglichenes Baby erwischt. Doch wussten Sie, dass auch ein schreiendes Baby eine normalerweise ausgeglichene und souveräne Mama an den Rand der Verzweiflung bringen kann? Eine Situation, die Hilde V. nur zu gut kennt:

> **Wie kam es, dass Sie sich vom Dauerschreien Ihres Babys haben verunsichern lassen?**

Das ist es ja gerade, was mich so wahnsinnig macht: Ich, die ich als Krankenschwester einiges in punkto Stress gewöhnt bin, komme mit der Schreisituation meines eigenen Kindes nicht zurecht. Nachdem klar war, dass meinem Sohn nichts fehlte, dachte ich, dass er sicher gleich wieder zu weinen aufhören würde. Aber Pustekuchen! Er schrie, wenn er in seiner Wiege lag, wenn ich ihn herumtrug, ihn schaukelte ... Und je länger er schrie, umso verzweifelter wurde ich. Schließlich war ich so nervös, dass ich fast heulte und ihn nur noch anflehte still zu sein.

> **Wie hat sich Ihr Sohn dann doch noch beruhigt?**

Ich habe mich zurückgelehnt und beschlossen, mich nicht unterkriegen zu lassen. Gut, dass ich mich in Sachen Entspannung recht gut auskenne. Trotz meiner Panik legte ich mich kurz hin, legte eine Hand aufs Zwerchfell und konzentrierte mich auf eine tiefe Atmung. Als ich merkte, dass es mir besser ging, schnappte ich mir meinen Sohn und legte ihn Haut an Haut auf meine Brust. Und siehe da, als ich ihm immer und immer wieder die gleiche kleine Melodie ins Ohr summte, konnte ich spüren, wie er sich entspannte und schließlich zu schreien aufhörte.

> **Haben Sie aus dieser Situation gelernt?**

Sicher, ich habe mich inzwischen gleich mit einem kleinen »Katalog« gegen solche Schreiattacken gewappnet: Da ist zum einen das kleine monotone Lied, zum anderen eine Reihe von Atemübungen, die für Mama und Kind gleichzeitig geeignet sind (siehe Seite 73). Und dann natürlich der Hautkontakt. Damit komme ich jetzt gut über die Runden.

Ölgießen zum Beruhigen

Mit der ayurvedischen Gesundheitslehre sind viele neue Anwendungen zu uns in die westliche Welt gekommen. Neben einer großen Vielfalt an Massagetechniken gehört hierzu auch das Ölgießen.

Ein ganz besonderer Genuss

Ölgießen ist eines der so genannten »Kerala-Treatments«. Bei uns ist besonders der Stirnölguss bekannt, der im Ayurveda »Shirodara« genannt wird. Unter »Pizi Chil« dagegen versteht man den Ganzkörperölguss. Neben dem entschlackenden Effekt wird dem Ölgießen eine tief entspannende Wirkung nachgesagt.

Massage plus Guss – das Nonplusultra

Optimalerweise werden Ölgießen und Massage verbunden: Mit einer Hand gießt der Behandelnde langsam warmes Öl über bestimmte Körperpartien, mit der anderen massiert er das Öl in die Haut ein. Der warme Ölstrahl fühlt sich an, als ob zarte Schmetterlingsflügel über die Haut streichen. Viele Erwachsene, die das Ölgießen schon erfahren haben, berichten von einem unbeschreiblichen Glücks- und Entspannungsgefühl. Auch für Babys ist Ölgießen eine wunderbare, liebevolle und sehr entspannende Sache.

Anwendung

> Bereiten Sie den Platz fürs Ölgießen vor: Das Zimmer sollte wohlig warm sein. Breiten Sie eine Plastikfolie auf dem Wickeltisch aus, über die Sie ein robustes Handtuch (Ölflecken sind meist unvermeidbar!) legen. Halten Sie ein weiches Tuch zum Abtupfen des Öls bereit.

> Füllen Sie 50 ml Sesamöl in eine kleine Karaffe und erwärmen Sie es im Wasserbad, bis es Körpertemperatur hat (unbedingt testen!).

> Legen Sie Ihr Baby auf den Bauch. Lassen Sie das Öl in einer Abwärtsbewegung vom Nacken bis zum Poansatz über die Wirbelsäule fließen. Halten Sie dabei immer mindestens 25 cm Abstand vom Körper des Babys.

> Mit der freien Hand massieren Sie gleichzeitig das Öl in sanft kreisenden Bewegungen ein. Das Gießen etwa 5-mal wiederholen.

> Das Gleiche an der Rückseite der beiden Beinchen, wobei Sie das Öl jeweils entlang der Mitte des Beines gießen.

> Tupfen Sie das noch nicht eingezogene Öl mit einem Tuch ab.

> Auf der Vorderseite wie beim Rücken und den Beinen vorgehen.

Wichtig: Überprüfen Sie immer wieder die Temperatur des Öls, denn sowohl zu kaltes als auch heißes Öl verdirbt Ihrem Baby garantiert den Spaß.

Glückliche Mütter

Nach einer Geburt dreht sich erst einmal alles um den neuen Erdenbürger, besonders natürlich für Sie als Mutter. Trotzdem sollten Sie auch sich selbst einige Extras gönnen. Mit den hier vorgestellten Anregungen werden Sie schnell wieder fit und fühlen sich schön, ausgeglichen und gesund, was allen zugute kommt: Je besser es der Mutter geht, umso zufriedener ist auch das Baby.

Wenn Frauen Mütter werden

Wie zu Anfang des Buches beschrieben (siehe ab Seite 19), werden in Indien nicht nur die Babys in den ersten Wochen nach der Geburt besonders verwöhnt – auch den Müttern hilft man mit wohltuenden Anwendungen, damit sie sich rasch von den Strapazen der Entbindung erholen. Ein nachahmenswerter Brauch, denn schließlich kostet ein Baby Kraft, und das nicht nur bei der Geburt, sondern auch in der Zeit danach.
Dennoch wird dieses Thema bei uns vernachlässigt und die Mütter verlassen bereits nach wenigen Tagen das Krankenhaus oder sind nach einer ambulanten Entbindung oder Hausgeburt sofort wieder im Einsatz. Dieses Kapitel ist deshalb der Person gewidmet, die all ihre Kraft und Energie eingesetzt hat, um das kleine Wesen wohlbehalten ans Licht der Welt zu bringen: der Mutter!
Auf den folgenden Seiten finden Sie Anregungen, Tipps und Anleitungen, wie Sie mit wenig (zeitlichem) Aufwand Körper und Seele wieder ins gewohnte Gleichgewicht bringen können.

Das Wunder der Geburt

Die Geburt ist Abschluss und Krönung des größten Wunders überhaupt: des Entstehens von Leben. Es ist faszinierend zu beobachten, was sich im Körper einer Frau innerhalb von neun Monaten vollzieht. Ein befruchtetes Ei wird zum vollständigen Lebewesen. Und am Ende dieser Entwicklung steht der Kraftakt der Geburt. Nie gehen Schmerz und Freude so innig miteinander Hand in Hand wie bei einer Entbindung. Niemals sonst wird eine Symbiose so schmerzhaft getrennt wie in diesem einzigartigen Augenblick. Danach ist nichts mehr wie vorher. Und die Zeit nach der Geburt ist für viele Frauen nicht nur eine sehr glückliche, sondern auch eine aufregende, schwierige und anstrengende Lebensphase.

Ein stetes Auf und Ab von Körper und Seele

»Eine richtige Mutter braucht nur ihr Baby, um glücklich zu sein.« Mit solchen Klischees wird immer wieder über diese besondere und auch schwierige Lebenssituation einer Frau hinweggegangen. Dabei haben die Vertreter dieser These Unrecht: Monatelang hat die Frau diesem Augenblick entgegengefiebert, die letzten Wochen vor der Entbindung waren schier unerträglich – sie wollte endlich ihr Baby in den Armen halten. Nun ist es da – und Berge von Fragen türmen sich auf.

ALLES WAR NUR NOCH ZUM HEULEN

Es gibt Momente, da fühlt man sich nach einer Geburt so unsagbar allein. Dass schon eine Kleinigkeit reicht, um eine Wöchnerin aus der Fassung zu bringen, zeigt dieses Beispiel: Als mein viertes Kind Ruscha zur Welt gekommen war, dachte ich, dass mich nichts mehr treffen könnte, da ich schließlich genau Bescheid wusste. Denkste! Drei Tage darauf, an meinem Hochzeitstag, hat es mich dann voll erwischt. Es fing damit an, dass mein Mann eine riesengroße Schwarzwälder Kirschtorte in die Klinik mitbrachte. Meine Lieblingstorte, nur leider drei Tage nach einer Kaiserschnittgeburt genau das Falsche. So landete die Torte bei den Stationsschwestern. Schließlich bemerkte ich, wie mein Mann sich ein Lachen verkneifen musste. Er erzählte, dass er beim Anblick meiner Frisur an seine Schulfreundin Elfie mit ihrer Topffrisur denken musste. MEINE HAARFRISUR, kurz vor der Geburt von einem sündhaft teuren Modefriseur gezaubert, erinnerte ihn DARAN. MEINE TORTE war bei den Stationsschwestern gelandet. Das war einfach zu viel des Guten. Ich konnte nur noch heulen!

Fragen und Probleme junger Mütter

Die Einfachste und Natürlichste der Welt scheint plötzlich fürchterlich kompliziert. Wie haben das bloß all die anderen gemacht? Beispielsweise das Stillen: »Das kann doch jede Frau!« Grundsätzlich richtig, aber es geht eben viel leichter, wenn man es der frisch gebackenen Mutter behutsam zeigt und sie immer wieder ermuntert, wenn es nicht ganz so schnell klappt. Bei uns herrscht in punkto Stillen eine Top-oder-Flop-Mentalität: Entweder es klappt mehr oder weniger sofort, oder der Griff zum Fläschchen ist vorprogrammiert. Es hat immerhin bis zum vierten Kind gedauert, bis die Autorin begriffen hat, dass das Wichtigste beim Stillen Zeit ist und dass es Wochen bis Monate dauern kann, bis die Milch richtig fließt.

Die »andere Seite des Glücks«

Man sollte sich immer vor Augen halten, was alles in einer Frau, die eben ein Kind geboren hat, vor sich geht – im Körper und auch im Kopf. Geburt wird vorwiegend als ein »freudiges Ereignis« bezeichnet und als Grund zum Feiern angesehen. Dazu passen Gefühle der Einsamkeit und Überforderung ebenso wenig wie schwere Beine und schmerzende Brüste. Aber genau das macht den meisten Frauen zu schaffen.

»Kein Problem« gibt's nicht!

Fallen Sie bitte nicht auf das völlig unrealistische (Vor-)Bild herein, das uns von Werbung und Medien gern vorgegaukelt wird. Glauben Sie mir, die in der Werbung immer glückliche Mami – auch kurz nach der Geburt – hätte in der realen Welt die gleichen Probleme wie Madonna, Claudia Schiffer oder Sie! Denn die Chancen stehen gut, dass auch die Stars nach der Geburt ihrer Kinder nicht von typischen Ängsten und Sorgen verschont bleiben.

Alle Gefühle zulassen

Lassen Sie zu, dass es Ihnen einmal nicht so gut geht. Erlauben Sie sich diese kleine Schwäche, auch wenn Sie dann vielleicht nicht dem Werbe-Ideal der jungen Mutter entsprechen. Denken Sie daran, dass in den eingeborenen Kulturen den Müttern mehrere Wochen Zeit gegeben werden, bevor sie sich wieder in den Tagesablauf der Gemeinschaft eingliedern. Bis dahin leben sie relativ zurückgezogen, um ihr eigenes Gleichgewicht zu finden, um ihr Kind, aber auch sich selbst als Mutter kennen zu lernen.

Geben Sie sich ebenfalls die Zeit, die nötig ist. Lassen Sie sich währenddessen in ayurvedischer Manier von einem Partner mit Massagen verwöhnen (siehe ab Seite 93) und nehmen Sie sich und Ihre Gefühle auf jeden Fall ernst.

Partnermassage

Der Vater des Kindes wird auf den folgenden Seiten vor allem angesprochen. Aber auch eine gute Freundin, die Schwester oder die Mutter können entspannende Streicheleinheiten geben. Hier einige Vorschläge, wie dies aussehen könnte. Viele Frauen klagen am Ende der Schwangerschaft und nach der Geburt über müde, schwere Beine. Da kommt eine entstauende Massage für die Beine gerade recht. Doch auch für den Rücken sind die letzten Monate der Schwangerschaft und die Zeit danach eine sehr starke Belastung. Und das liegt nicht nur an den ungewohnten Baby-Pfunden: Auch viele alltägliche Bewegungsabläufe verändern sich – zuerst durch die »neuen« Körperformen, dann durch das Baby, das getragen werden möchte. Dadurch sowie durch den Willen, immer alles schaffen zu wollen, entstehen häufig Verkrampfungen der Rückenmuskulatur, die mit einer sanften Rückenmassage wohltuend gelöst werden können. Doch bevor es damit losgehen kann, sind noch einige Vorbereitungen zu treffen.

PARTNERMASSAGE

Vorbereitung der Massage

Ihre Partnerin kann zum Massieren auf einer Liege, einem nicht zu weichen Bett oder dem Boden liegen. Breiten Sie darauf unbedingt eine Woll- oder Heizdecke aus und legen Sie darüber ein Laken. Decken Sie Ihre Partnerin an den Körperteilen, die Sie gerade nicht massieren, mit einem großen, wenn möglich angewärmten Handtuch zu, damit sie nicht friert. Bedenken Sie, dass Flecken von Massageölen oft nur durch Auskochen wieder zu entfernen sind.

Süße Träume, liebe Mama!

Wenn die Erschöpfung der jungen Mama sehr groß ist, schläft die so Verwöhnte aus purer Entspannung wahrscheinlich schon

INFO

SO KANN DIE MASSAGE GLEICH BEGINNEN

> Je besser Sie Ihre Massage vorbereiten, umso entspannender wird das Massage-Erlebnis für Sie beide.

> Wichtig: Massieren Sie Ihre Partnerin nur dann, wenn Sie selbst entspannt und gut gelaunt sind.

> Breiten Sie die Unterlage für die Massage (siehe oben) an einem ruhigen, warmen Platz aus, wo Sie nicht gestört werden – auch nicht von Ihrem Baby.

> Für die Fuß- und Beinmassage brauchen Sie ein kleines flaches Kissen, auf das Ihre Partnerin den Kopf legen kann.

> Sorgen Sie für Atmosphäre: Angenehmes, sanftes Licht und die Lieblingsmusik Ihrer Partnerin unterstützen die Entspannung.

> Wärmen Sie das Öl an (siehe Seite 49), das Sie für die Massage ausgesucht haben. Gut eignen sich Bala-Öl (stärkend und aufbauend für Körper und Seele) und das stimmungsaufhellende Schwarzkümmelöl. Weitere Mischungen für besondere Situationen finden Sie ab Seite 102. Eine gute Alternative: eine Lehm-Massage (ab Seite 106).

> Achten Sie darauf, dass Ihre Hände angenehm warm sind (Kasten Seite 50) denn eiskalte Hände wären hier völlig fehl am Platz, da man sich dann vor lauter Frösteln nicht mehr entspannen kann.

Fuß- und Beinmassage   PRAXIS

nach den ersten Berührungen ein. Lassen Sie sich davon nicht irritieren und massieren Sie weiter – auch im Schlaf werden die Berührungen ihr gut tun! Wenn die Massierte bis zum Ende der Massage wohlig vor sich hinschlummert, dann geben Sie ihr doch zum Abschluss der Massage einen liebevollen Kuss. Auch wenn Sie damit riskieren, dass Ihre Partnerin sich beim nächsten Mal schon allein deswegen schlafend stellt ...

Flexibel reagieren
Wenn Sie das Gefühl haben, dass Ihre Partnerin an bestimmten Stellen besonders sensibel reagiert, sollten Sie darauf auch eingehen und diese Stellen länger und intensiver massieren! Sind die Griffe ihr dagegen unangenehm, können Sie die Grifffolge ganz nach Bedarf auch verkürzen beziehungsweise ganz weglassen.

Fuß- und Beinmassage

Wichtig: Hat die Frau starke Krampfadern, behandeln Sie bitte die Beine nicht oder nur mit ganz sanften Streichungen.
> Wiederholen Sie alle beschriebenen Griffe bis zu 10-mal. Insgesamt sollte die Massage aber nicht länger als 10 bis 15 Minuten dauern.
> Wie für die Babymassage ölen Sie auch bei dieser Massage Ihre Hände vorher mit temperiertem Öl ein.
> **Tipp:** Besonders zu empfehlen bei mü-

> Das Öl am besten in einem kleinen Gefäß im Wasserbad auf Wohlfühltemperatur bringen.

den und schweren Beinen ist die Beigabe von ätherischem Steinklee-Öl. Seine Wirkstoffe steigern die Widerstandskraft der feinen Blutgefäße, was wiederum die Venen entlastet. Auf 100 ml Basisöl kommen 8 Tropfen ätherisches Steinklee-Öl.
Auch eine Beinmassage mit Hamamelis- oder Rosskastaniencreme wirkt wohltuend und entlastend.

95

PARTNERMASSAGE

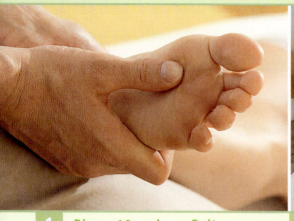
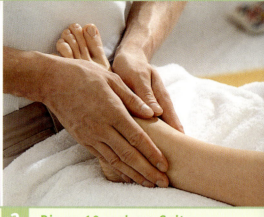

1 Bis zu 10-mal pro Seite

2 Bis zu 10-mal pro Seite

Fußmassage

› Ihre Partnerin liegt auf dem Rücken. Setzen Sie sich so, dass Sie eines ihrer Beine auf den Schoß nehmen, mit einer Hand ihren Fuß am Gelenk umfassen und mit der anderen die Fußsohle mit eingeölten Händen massieren können.

› Reiben Sie mit der flachen Hand locker über die Fußsohle und achten Sie darauf, ständig Hautkontakt zu halten.

› Mit dem Daumen »zeichnen« Sie mit ganz sanftem Druck überall auf die Sohle viele kleine Kreise. Beginnen Sie an der Ferse und arbeiten Sie sich zu den Zehen vor. **1**

› Nehmen Sie jede Zehe einzeln zwischen Daumen und Zeigefinger, und streichen Sie sie nach oben aus. Das sieht dann aus, als ob Sie die Zehe sanft in die Länge ziehen wollten.

› Massieren Sie mit dem Daumen die Punkte über den Zehenzwischenräumen in kleinen Kreisen.

› Setzen Sie sich nun so, dass Sie den Fuß mit Ihren beiden Händen links und rechts fassen können. Ziehen Sie Ihre Hände – beginnend am Innen- und Außenknöchel – sanft über den gesamten Fuß. Dabei befinden sich die Daumen auf dem Fußrücken, die Finger wandern zur Sohle. **2**

› Streichen Sie in kreisenden Bewegungen mit den Fingerspitzen beider Hände um den Innen- und Außenknöchel.

Wichtig: Wenn die Knöchel Ihrer Partnerin geschwollen sind, diese keinesfalls zu fest anfassen oder gar drücken!

Fuß- und Beinmassage PRAXIS

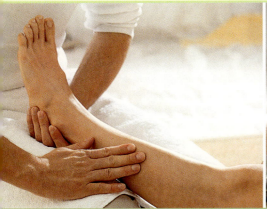

3 Bis zu 10-mal pro Seite

4 Bis zu 10-mal pro Seite

Beinmassage

> Mit einer Hand heben Sie nun die Ferse etwas an. Die andere Hand legen Sie quer zum Schienbein auf das Fußgelenk und streichen mit der Handfläche sanft am Schienbein entlang nach oben zum Knie. **3**

> Vom Knie aus führen Sie Ihre Hand in einer fließenden Bewegung auf die Rückseite des Beines und streichen an der Wade entlang abwärts zur Ferse.

> Setzen Sie sich nun neben Ihre Partnerin auf deren Kniehöhe. Eine Hand greift unter das Knie, die andere massiert es mit sanften, streichenden Kreisbewegungen.

> Anschließend massieren Sie mit der flachen Hand den Oberschenkel. Beginnen Sie an der Beininnenseite oberhalb des Knies. Streichen Sie in einer diagonalen Bewegung aufwärts nach außen zur Hüfte.

> Streichen Sie auf der Rückseite des Oberschenkels wieder abwärts. Führen Sie oberhalb des Knies die Hand wieder auf die Vorderseite des Beines, und wiederholen Sie die Bewegung. **4**

> Nun bedecken Sie das Bein mit einem warmen Tuch und wiederholen den Ablauf beim anderen Bein in der gleichen Reihenfolge.

> **Variante:** Wenn Ihre Partnerin gern mit etwas mehr Druck massiert werden möchte, können Sie auch beide Hände übereinander legen.

PARTNERMASSAGE

Rückenmassage mit Ölguss

Wichtig: Das »Ölgießen« mit warmem Basis- oder Kräuteröl ist bei dieser Massage besonders angenehm. Allerdings kann es leicht passieren, dass etwas Öl auf die Unterlage fließt. Um Teppich oder Liege vor Flecken zu schützen, können Sie unter das Laken zusätzlich eine Plastikfolie breiten (siehe auch Seite 94).

> Wenn nicht anders angegeben, führen Sie die Griffe jeweils 14-mal aus. Sie können sie für eine intensivere Massage natürlich auch öfter wiederholen.

> Füllen Sie 50 ml Sesamöl oder ein Öl Ihrer Wahl in ein kleines Fläschchen oder Kännchen und wärmen Sie das Öl an (Seite 49).

> Ihre Partnerin liegt auf dem Bauch, die Arme entspannt an der Seite. Sie sitzen auf Kopfhöhe der Frau daneben, sodass Sie ihren ganzen Rücken bequem erreichen können.

> Gießen Sie – am Halsansatz beginnend – etwas warmes Öl auf den Rücken. **1** Lassen Sie den Ölstrahl langsam an der Wirbelsäule entlang nach unten bis knapp über das Kreuzbein fließen.

> Streichen Sie dann das Öl langsam mit den flachen Händen von der Mitte zu beiden Seiten hin über den ganzen Rücken. Beginnen Sie dabei am oberen Rücken.

> Diese beiden Schritte – das Ölgießen und das Ausstreichen – wiederholen Sie nun gleich noch einmal.

1 In einem sanften Strahl gießen

2 14-mal

Rückenmassage mit Ölguss — PRAXIS

- Legen Sie Ihre Hände jetzt leicht auf die Schulterblätter, und verweilen Sie etwa 2 Minuten in dieser Haltung.
- Beide Hände liegen nebeneinander auf dem oberen Rücken, die Fingerspitzen zeigen zur Taille. Streichen Sie nun langsam und mit wenig Druck abwärts bis zum Gesäßrand. **2** Dann streichen Sie den unteren Rücken nach links und rechts seitlich aus.
- Legen Sie die Hände wieder auf den oberen Rücken. Streichen Sie mit den Daumen von dort aus langsam und mit wenig Druck rechts und links der Wirbelsäule hinab bis zum Gesäßrand. **3**
- Dann streichen Sie den unteren Rücken seitlich aus. Wiederholen Sie diese Abfolge 7-mal.

Wichtig: Auch hier bitte niemals direkt auf der Wirbelsäule, sondern immer nur daneben massieren!

- Streichen Sie mit beiden Daumen vom Halsansatz nach links und rechts über die Nackenmuskulatur zur Schulter hin. **4** Wenn es Ihrer Partnerin angenehm ist, können Sie dabei auch etwas stärkeren Druck ausüben.
- Streichen Sie die Nackenmuskulatur mit beiden Händen über die Schultern bis zum Oberarm aus.
- Zum Schluss wiederholen Sie den bei Bild **2** beschriebenen Griff: Beide Hände streichen zuerst von oben nach unten flach über den Rücken, dann nach links und rechts.

3 7-mal **4** 14-mal

Balsam für Körper und Seele

Rezepturen für Öle und Pasten sowie Tipps und Anregungen, die Ihnen bei typischen Beschwerden helfen, wie sie nach einer Entbindung auftreten, finden Sie auf den folgenden Seiten.

Depressionen und Erschöpfung

Die Geburt ist überstanden, und Sie sind die glücklichste Mutter der Welt, mit dem wundervollsten Baby unter der Sonne. Allerdings nicht immer: Es gibt vielleicht auch Tage, an denen Sie am liebsten nur weinen möchten – oder sich die Bettdecke über den Kopf ziehen und tagelang schlafen. Keine Sorge, in dieser Zeit sind auch Depressionen ganz natürlich.
Die meisten Frauen leiden in den ersten Wochen nach der Geburt mehr oder weniger stark unter Stimmungsschwankungen, die von unerklärlicher Traurigkeit bis hin zu Depressionen reichen können. Um das zu verstehen, muss man bedenken, dass sowohl während der Schwangerschaft als auch nach der Geburt der

Depressionen und Erschöpfung PRAXIS

weibliche Hormonhaushalt erst einmal kräftig durcheinander geschüttelt wurde. Auch die Erschöpfung, die vielen Frauen nach einer Entbindung noch lange zu schaffen macht, ist nach der körperlichen Höchstleistung einer Geburt ganz natürlich. Manchmal dauert es Monate, bis eine Frau ihre Energie vollständig wiederfindet. Denken Sie an den Ayurveda: Dort gesteht man den Müttern bis zu sechs Monate zu, um ihre ursprüngliche Vitalität wiederzuerlangen.

Bin ich noch attraktiv?

Manche Frauen fühlen sich innerhalb der ersten Monate nach der Entbindung ganz besonders weiblich. Andere wiederum haben eher das Gefühl, auf den Partner gar nicht mehr anziehend zu wirken. Das Muttersein nimmt gerade in der ersten Zeit viel Raum ein. Außerdem finden Sie Ihre Figur vielleicht noch nicht wieder ganz so attraktiv wie vor der Schwangerschaft. Nehmen Sie sich so, wie Sie sind, und lassen sie sich von Ihrem Partner ruhig wieder einmal verwöhnen – vielleicht mit der sinnlichen Ölmischung auf Seite 102.

So gewinnen Sie Ihren Optimismus zurück

Jede junge Mutter braucht aufmunternde und Kraft spendende Unterstützung für Körper und Seele. Und genau dafür sind Massagen ideal – wenn möglich in Verbindung mit heilkräftigen Massageölen, wie etwa dem bereits erwähnten Bala-Öl (Seite 21, 24). Bei Traurigkeit und Erschöpfung helfen auch die auf der nächsten Seite vorgestellten Ölmischungen in Verbindung mit den Griffen auf Seite 10 sowie ab Seite 96 und 114. Nicht vergessen: Vor dem Massieren das Öl immer anwärmen (Seite 49).

IHR PARTNER KANN HELFEN

Wenn es der Partnerin nicht gut geht, reagieren Männer häufig etwas unbeholfen, weil sie sich in dieser Situation überfordert fühlen: Woher sollen sie wissen, was ihre Liebste gerade braucht? Die Antwort ist wahrscheinlich viel unkomplizierter, als so mancher Mann denkt: Liebe und Zuwendung wirken in dieser Situation Wunder. Frauen wollen oft einfach nur ganz fest in die Arme genommen werden und brauchen jetzt besonders das Gefühl der Geborgenheit. Sagen und zeigen Sie das Ihrem Partner! Und kommt es doch mal vor, dass Sie, anstatt zu schnurren, Ihre Krallen ausfahren, erzählen Sie Ihrem Partner hinterher von Ihren Gefühlen – und zeigen Sie dann wieder Ihre Samtpfötchen …

! WICHTIG

Frauenöl

> Dieses Rezept stammt aus der »persönlichen Hausapotheke« der Autorin und wirkt in allen Situationen beruhigend, kräftigend und ausgleichend.

> Sie brauchen: jeweils 1/4 Tasse Schafgarbe, Frauenmantel, weiße Taubnessel und Silbermantel (alles als getrocknete Kräuter. Wenn Sie frische Kräuter verwenden, nehmen Sie jeweils die doppelte Menge), 4 Tassen Sesam- oder Olivenöl, 16 Tassen Wasser.

> Zubereitung wie im Grundrezept für Kräuteröl (Seite 36) angegeben.

Gute-Laune-Öl

> Die Öle wirken rasch stimmungsaufhellend und harmonisierend.

> Sie brauchen: 100 ml Johanniskrautöl; 5 Tropfen Lavendelöl, 3 Tropfen Rosenöl, je 2 Tropfen Neroli- und Vetiveröl.

> Vermischen Sie die Öle gut und wärmen Sie die Mischung an (Seite 49).

> Massieren Sie mit der angewärmten Ölmischung Füße und Beine (Anleitung ab Seite 95).

Belebendes Kraftöl

> Eine Massage mit dieser Ölmischung wirkt stärkend und aufbauend.

> Sie brauchen: je 50 ml Sesam- und Weizenkeimöl, 3 Tropfen ätherisches Angelikaöl, 3 Tropfen Vetiver, 2 Tropfen Zirbelkiefer.

> Alle Öle gut mischen und die Ölmischung anwärmen.

> Das Kraftöl eignet sich für alle Massagegriffe ab Seite 96 und 114.

Im Reich der Sinne

> Die Wirkung dieser sinnlichen Mischung lässt hoffen, dass Ihr Baby schön ruhig schlummert ...

> Sie brauchen: 70 ml Sesamöl, 30 ml Wildrosen-Pflegeöl; 3 Tropfen ätherisches Jasminöl, 4 Tropfen Sandelholzöl, 3 Tropfen Vanilleöl.

> Die Öle vermischen, anwärmen (Seite 49) und ... die Fantasie spielen lassen.

Rund ums Stillen

Die meisten Frauen möchten stillen, doch gerade in den ersten Tagen kommt es oft zu Schwierigkeiten. Dabei gibt es für viele Stillprobleme einfache Lösungen. Besonders zu Beginn der Stillzeit sind viele Frauen unsicher und fürchten, nicht genug Milch zu haben. Um die Milchbildung anzuregen, sind Massagen mit dem nachfolgenden Milchbildungsöl äußerst wirksam. Auch wichtig: Ausreichend trinken, am besten Milchbildungstee. Häufig werden Probleme beim Stillen jedoch durch einen Milchstau verursacht, der sich entwickeln kann, wenn die Milch

Rund ums Stillen   PRAXIS

in der Brust nicht ungehindert fließt. Manchmal bilden sich dadurch auch Zysten – mit Milch gefüllte Blasen, die normalerweise harmlos sind. Auch mangelnde Entleerung der Brust oder entzündete Brustwarzen können zu einem Milchstau führen.

Milchbildungsöl

> Sie brauchen: je 1/8 Tasse getrocknete Brennnessel, Dill, Eisenkraut, (bei frischen Kräutern doppelte Menge), 1/8 Tasse Fenchelsamen, 2 Tassen Sesamöl, 8 Tassen Wasser, 8 Tropfen Jasminöl, 50 ml Schwarzkümmelöl.
> Bereiten Sie das Öl nach dem Grundrezept auf Seite 36 zu. Nach dem Abkühlen Jasminöl und Schwarzkümmelöl zufügen.
> Geben Sie etwas angewärmtes Öl in Ihre Hände und massieren Sie mit langen Streichbewegungen vom Leib zur Brust hin, dabei die Brust selbst aussparen.

Ölmassage zum Abstillen

> Die Massage mit dieser Ölmischung hilft, die Milchmenge zu reduzieren.
> Sie brauchen: 100 ml Sonnenblumen- oder Kokosnussöl, 5 Tropfen Salbeiöl, 3 Tropfen Ingweröl.
> Das Basisöl gut mit den ätherischen Ölen vermischen.

> Wärmen Sie die Ölmischung mithilfe eines Wasserbads oder Stövchens an und massieren Sie damit vom Bauch zur Brust hin, die Brust selbst dabei aber auslassen.
> Tipp: Zusätzlich helfen Ingwer und Salbei als Tee oder Gewürz beim Abstillen.

MILCHSTAU UND ENTZÜNDETE BRUSTWARZEN

WICHTIG !

Aus einem Milchstau kann sich eine schmerzhafte Brustentzündung (Mastitis) entwickeln. Das beugt vor und hilft:

> Die Brust vollständig entleeren.
> Oft kann durch rechtzeitiges Hochbinden der Brust und Abpumpen der Milch ein Stau noch verhindert werden.
> Bei Milchstau am besten ebenfalls abpumpen. Hilft das nicht, ist ärztliche Hilfe nötig!

Eine Entzündung an der Brustwarze ist unangenehm und kann sogar eine größere Entzündung auslösen.

> Hat die Brustwarze Schrunden und Risse, pumpen Sie die Milch ab oder stillen Sie mit einem so genannten Warzenschutz.
> Auch das hilft: Aloe-vera-Gel mit etwas Kurkumapulver mischen und auftragen.
> Beruhigt: Die Brust mit lauwarmem Kamillentee waschen.

Schönheitspflege ganz natürlich

Die hormonellen Umstellungen in der Schwangerschaft und nach der Entbindung fordern eine Frau »mit Haut und Haar« – kein Wunder, dass die meisten Frauen jetzt auch Veränderungen ihres Äußeren feststellen. Besondere Pflege scheint aber oft gar nicht möglich zu sein: Viele haben in den ersten Monaten nach der Geburt fast keine Zeit für sich und ihren Körper, vom Schönheitsschlaf ganz zu schweigen. Dennoch sollten Sie jetzt auf ein kleines, wirksames Pflegeprogramm nicht verzichten – umso eher fühlen Sie sich wieder rundum wohl! Auf den folgenden Seiten finden Sie Vorschläge, wie Sie Ihren Körper jetzt pflegen und verwöhnen können.

Den Körper von Ballast befreien

Den Körper auch von innen gründlich zu reinigen tut durch und durch gut und ist zudem die Voraussetzung für eine wirksame Pflege von Haut und Haar. Rechts finden Sie dazu bewährte Anwendungen.

Den Körper von Ballast befreien **PRAXIS**

Massage mit Schwarzkümmelöl

> Bereits die alten Ägypter wussten um die stimmungsaufhellende, tief reinigende und vitalisierende Wirkung dieses Schönheits- und Heilmittels.

> Schwarzkümmelöl fördert den Milchfluss und reguliert die Verdauung. Man sagt ihm auch heilende Wirkung bei Allergien, Asthma bronchiale und Neurodermitis nach.

> Das wohlriechende Öl eignet sich für Ganzkörper- und Teilmassagen (ab Seite 95 und ab Seite 114).

Spargelöl zum Entschlacken

> Eine Massage mit diesem Öl wirkt entschlackend und reinigend. Das Rezept stammt vom Heilpraktiker H. Wagner.

> Sie brauchen: 1 kg weißen Spargel, 4 Liter Wasser, 1 Liter Sesamöl.

> Den Spargel waschen, aber nicht schälen, und in kleine Stücke schneiden. Mit dem Wasser aufkochen. Bei mittlerer Hitze weitersprudeln lassen.

> Nach 2 bis 4 Stunden hat sich der Sud auf 1 Liter reduziert. Durch ein Tuch abgießen, abkühlen lassen.

> Nun das Sesamöl hinzufügen, alles wieder zum Kochen bringen und unter gelegentlichem Umrühren weiterköcheln lassen, bis das Wasser verdampft ist. Das dauert 2 bis 4 Stunden.

> Wenn sich eine Haut bildet und das Öl nur noch wenig sprudelt, ist es fast fertig. Überwachen Sie es jetzt besonders gut, da der Sud ganz plötzlich am Topf anbrennen kann.

> Das Spargelöl ist fertig, wenn ein Wassertropfen mit einem krachenden Geräusch auf der Oberfläche zerplatzt.

TIPP

ENTSCHLACKEN MIT AYURVEDA

Hier einige zusätzliche Tipps aus dem Ayurveda. Bedenken Sie aber: Wenn der Körper während der Stillphase zu stark entgiftet, kann sich das unter Umständen nachteilig auf die Muttermilch auswirken.

> Trinken Sie über den Tag verteilt kleine Schlückchen abgekochtes, möglichst heißes Wasser.

> Vor dem morgendlichen Zähneputzen 1 Esslöffel biologisches Sesamöl 5–10 Minuten lang »kauen« und durch die Zähne ziehen. Nie schlucken, sondern ausspucken. Danach den Mund ausspülen und die Zähne putzen. Beim »Ölziehen« werden Giftstoffe und Schlacken aus dem Mundraum entfernt.

> Vor den Mahlzeiten ein Glas Ingwertee trinken. Dafür 1 TL frischen geraspelten Ingwer kurz in 200 ml Wasser aufkochen.

SCHÖNHEITSPFLEGE GANZ NATÜRLICH

Auch Ihr Haar freut sich über eine Massage und eine Extraportion Pflege.

Für Haut und Haar

Meist braucht die Haut nach einer Entbindung mehr Pflege. Ein bewährtes Mittel zur Hautpflege ist Naturerde oder Lehm. Äußerlich angewandt wirkt Lehm antibakteriell und entgiftend, festigt das Gewebe und bindet Gerüche. Das Schönheitsmittel aus der Natur enthält außerdem viele wertvolle Mineralstoffe.

Massage mit Naturerde

> Pflegt die Haut, festigt das Gewebe.
> Sie brauchen: 200 g feinpulvrige grüne Naturerde aus Südfrankreich (Reformhaus), 50 ml abgekochtes Wasser, 10 ml Nachtkerzenöl, 3 Tropfen Sandelholzöl, 3 Tropfen Weihrauchöl
> Die Naturerde mit dem Wasser zu einer geschmeidigen Paste mischen, die Öle zugeben und alles gut verrühren.
> Die Naturerdepaste portionsweise mit der Hand zügig in den gesamten Körper einmassieren.
> Mit warmem Wasser abspülen und die Haut nach Belieben eincremen.

Naturerde-Ganzkörperpackung

> Pflegt die Haut am ganzen Körper. Zutaten und Zubereitung wie bei der »Massage mit Naturerde«.
> Bereiten Sie einen Platz vor, an dem Sie die Packung im Liegen einwirken lassen können (siehe Seite 94).
> Bitten Sie eine zweite Person, sich bereit zu halten, um Ihnen beim Auftragen zu helfen.
> Streichen Sie die Paste nun mit der Hand messerrückendick auf den ganzen Körper. Beginnen Sie bei den Füßen und arbeiten Sie sich nach oben vor. Legen Sie sich zugedeckt hin.
> Nach 15 entspannenden Minuten waschen Sie die Packung mit viel warmem Wasser ab. Reiben Sie dann Ihren Körper nochmals mit Öl oder Creme ein.

Wichtig: Wenn die Lehmmasse antrocknet, kann die Haut leicht jucken oder brennen. Dies ist ein Zeichen der positiven Wirkung des Lehms. Sollten Sie es jedoch als zu unangenehm empfinden, waschen Sie die Packung bitte sofort ab. Eine Massage mit Lehm wirkt kühlend und sollte deshalb nicht in der kalten Jahreszeit angewendet werden.

Für Haut und Haar — PRAXIS

Körperpeeling

> Dieses Peeling wirkt durch das Wacholderpulver entgiftend, die Bockshornkleesamen pflegen die Haut.
> Sie brauchen: 100 g Kichererbsen- oder Dinkelmehl, 10 g gemahlene Bockshornkleesamen, 10 g Wacholderpulver, 10 ml Mineralwasser, 10 ml Basisöl Ihrer Wahl (siehe Tabelle ab Seite 118).
> Verrühren Sie alle Zutaten zu einer geschmeidigen Paste.
> Diese in die gereinigte Haut einmassieren. Kurz einwirken lassen, abspülen. 1- bis 2-mal wöchentlich anwenden.
> **Tipp:** Sie können das Peeling noch mit 1 Teelöffel Nachtkerzenöl verfeinern, das hormonell ausgleichend wirkt.

Massage für schönes Haar

> Lindert den hormonbedingten Haarausfall im ersten Jahr nach der Geburt.
> Sie brauchen: 30 ml Sesamöl, 2 Tropfen Sandelholzöl, je 1 Tropfen Rosmarinöl und Thymianöl.
> Vermischen Sie das Sesamöl gut mit den ätherischen Ölen.
> Massieren Sie die Ölmischung 5 Minuten lang in die Kopfhaut ein. Anschließend mit einem milden Shampoo auswaschen und wie gewohnt pflegen.
> **Tipp:** Besonders wirksam bei Haarproblemen ist auch die Pflanze Bhringraja (Bezugsquellen siehe Seite 124).

»Wash, Peeling and Care«

> »WaPee-Care« ist ein von der Autorin entwickeltes Produkt, das Reinigung, Peeling und Pflege vereint. Hier eine einfache Version zum Selbermachen.
> Sie brauchen: Wasserphase: 1 g getrocknete Yuccawurzel, 1 g Seifenwurzel (*Saponaria officinalis*); 30 ml Calendula- oder Hamamelistinktur.
> Fettphase: 80 ml Sonnenblumenöl, 20 ml Jojobaöl, 15 ml Hanföl, 10 Tropfen Grapefruitkern-Extrakt, 15 Tropfen Copaiba-Öl oder 15 Tropfen natürliches Vitamin E (Alpha-Tocopherol).
> Schlussphase: 1 EL Jojobaperlen oder 1 EL Olivengranulat; 10 Tropfen Orangenöl, 5 Tropfen Zypressenöl.
> Für die Wasserphase Wurzeln über Nacht in 300 ml Wasser einweichen. Am nächsten Tag köcheln, bis 150 ml Flüssigkeit übrig bleiben. Abkühlen lassen, abgießen, Tinktur einrühren.
> Wasserphase und Fettphase jeweils in einem feuerfesten Glas im heißen Wasserbad auf etwa 65° erwärmen.
> Wasserphase unter ständigen Rühren in die Fettphase einarbeiten (nie umgekehrt!). Danach auf einem kalten Wasserbad auf 35° abkühlen (wichtig!).
> Jojobaperlen und ätherische Öle einarbeiten und in Tiegel abfüllen.
> Vor dem Duschen oder Baden kreisend in die angefeuchtete Haut einmassieren, dann gleich wieder abwaschen.

107

Zurück zur Figur

Das Baby ist da, die Figur ist weg. So kommt es zumindest vielen Frauen vor, die gerade Mutter geworden sind. Busen und Bauch, Taille, Hüfte und Oberschenkel: Alles ist ein bisschen »aus den Fugen geraten«. Dass sich das Körpergewebe in der Schwangerschaft ausdehnt, ist ein ganz natürlicher Vorgang. Nach der Geburt stellt sich der Hormonhaushalt dann erneut um: Genau jetzt können Sie das Gewebe unterstützen, wieder fester zu werden. Beginnen Sie deshalb am besten noch im Wochenbett mit vorsichtigem Figurtraining, das in erster Linie der Kräftigung von Bauch- und Beckenbodenmuskulatur dient. Parallel dazu wird mit sanften Übungen die Rückbildung der Gebärmutter gefördert.

Wochenbett-Gymnastik

Wenn die Geburt komplikationslos verlaufen ist, können Sie mit den nachfolgenden Übungen bereits am zweiten Tag nach der Entbindung – idealerweise im Bett – beginnen.

Wochenbett-Gymnastik — PRAXIS

Beckenboden kräftigen

- Legen Sie sich auf den Bauch, die Arme entspannt neben dem Körper.
- Versuchen Sie, Ihren Kopf und gleichzeitig beide Beine ein wenig anzuheben. Halten Sie die Position und zählen Sie dabei bis sieben.
- Kopf und Beine langsam wieder senken. Die Übung 10-mal wiederholen.
- **Variante:** Wenn Ihnen das gleichzeitige Anheben noch zu schwer fällt, heben Sie Kopf und Beine abwechselnd. Beim nächsten Mal steigern Sie sich, indem Sie gleichzeitig mit dem Kopf abwechselnd nur ein Bein anheben. **1**

Wichtig: Achten Sie darauf, dass Ihr Nacken eine Linie mit der Wirbelsäule bildet. Ziehen Sie dazu das Kinn etwas Richtung Brust. Dies beugt Problemen mit Nacken und Halswirbelsäule vor und ist besonders wichtig, wenn solche Beschwerden schon bestehen.

Bauchmuskeltraining

- Legen Sie sich auf den Rücken, die Arme liegen locker neben dem Körper.
- Heben Sie nun Kopf und Beine gleichzeitig an – so weit, wie es Ihnen angenehm ist. 5-mal wiederholen.

Bauch und Beckenboden

- Stellen Sie in Rückenlage Ihre Füße so auf, dass die Ober- und Unterschenkel einen rechten Winkel bilden.
- Heben Sie das Becken an, sodass unterer Rücken und Po etwas vom Boden abheben. **2**
- Halten Sie die Stellung einige Sekunden. Versuchen Sie dabei, die Pomuskeln anzuspannen.
- Senken Sie nun den Po wieder ab und entspannen Sie sich kurz.
- **Tipp:** Steigern Sie nach Gefühl die Wiederholungszahlen von Mal zu Mal.

1 10-mal

2 So oft es Ihnen gut tut

ZURÜCK ZUR FIGUR

Sanfte Yogaübungen

Wenn die Geburt ein paar Wochen zurückliegt, können Sie mit angenehmen Yogaübungen auf einer warmen, aber nicht zu weichen Unterlage beginnen.

Die Kerze (Ashvini Mudra)

- Diese Übung stärkt den Beckenboden und hilft auch gegen Hämorrhoiden, Inkontinenz und Gebärmuttervorfall.
- In Rückenlage Beine und Po zur Kerze nach oben strecken, sodass Sie nur noch auf dem oberen Teil des Rückens liegen. Die Hände stützen die Taille. Der Po ist dabei fest angespannt. **1**
- In dieser Stellung (Kerze) ungefähr 10 Sekunden bleiben. Dabei die Gesäßmuskeln entspannen, dann wieder fest anspannen. In gleichmäßigem Rhythmus 10- bis 30-mal wiederholen.

Heuschreckenhaltung (Shalabhásana)

- Stärkt Bauch und Beckenboden und ist gut gegen Speck an Hüften und Taille.
- Legen Sie sich flach auf den Bauch, die Hände unter Ihren Oberschenkeln.
- Atmen Sie ein und halten Sie die Luft an. Heben Sie nun langsam zuerst das ausgestreckte rechte Bein an, dann das linke. Bleiben Sie einige Sekunden in dieser Stellung. Noch wirksamer, aber auch etwas anspruchsvoller ist dieser Bewegungsablauf, wenn Sie beide Beine gleichzeitig gestreckt anheben.
- Während Sie ausatmen, senken Sie die Beine wieder zum Boden ab.

1 10- bis 30-mal je 10 Sekunden

2 5- bis 7-mal je einige Sekunden

Sanfte Yogaübungen — PRAXIS

- Heben Sie mit dem Einatmen langsam den Oberkörper, ohne die Hände zu Hilfe zu nehmen. Die Kraft kommt aus dem Taillenbereich. Kurz halten. **2**
- Ausatmen und in die Ausgangsposition zurückkehren.
- Die Übung 5- bis 7-mal wiederholen. Danach bleiben Sie eine Weile auf dem Bauch liegen und entspannen sich.

Die Delfinhaltung (Makarasana)

- Beruhigend und entspannend.
- Legen Sie sich auf den Bauch. Ihre Stirn liegt auf Ihren ineinander verschränkten Händen. Die Beine fallen locker auseinander. **3**
- Lassen Sie Ihren Atem ruhig und entspannt fließen und erspüren Sie bewusst den Bodenkontakt Ihres Körpers.
- Versuchen Sie, 15 Minuten in dieser Haltung zu verweilen.

Entspannungs-Sitzübung (Vajrasana)

- Sie sitzen aufrecht, mit gestreckten Beinen, am Boden.
- Winkeln Sie nacheinander Ihre Beine an. Ziehen Sie mit einer Hand die Fersen dicht unter Ihren Po, sodass Sie nun auf den Fersen knien. Kopf, Schultern und Po bilden dabei eine senkrechte Linie. **4**
- Ihre Hände liegen locker mit nach oben gerichteten Handflächen auf den Knien.
- Schließen Sie die Augen. Spüren Sie, wie die Luft beim Atmen in Ihren Körper strömt und wieder hinausfließt.

3 15 Minuten

4 15 Minuten

Verwöhnprogramm für Mamas

Babys brauchen Mütter – manchmal rund um die Uhr. Aber gerade wenn Sie sich genervt und müde fühlen, können Sie ihrem Baby nicht genügend Liebe, Zeit und Geduld widmen. Trotz aller Aufregungen und Strapazen sollten Sie sich selbst auf keinen Fall vergessen. Kümmern Sie sich um sich selbst und verwöhnen Sie sich ruhig mal so richtig. Gönnen Sie sich Ihr persönliches Wohlfühl-Ritual. Es muss gar nicht lange dauern, wichtig ist nur, dass Sie Ihren kleinen Freiraum regelmäßig genießen.

Ein kleines, aber feines Verwöhnritual

Beschenken Sie sich ab jetzt einmal pro Woche mit einer Stunde für sich selbst. Keine Zeit? Stimmt nicht! Wenn das Baby schläft oder die Oma mit ihm spazierengeht, lassen Sie den Staubsauger einfach einmal stehen – der Haushalt kann in diesem Fall ruhig mal warten. Und: Auch Ihr Baby zeigt sicher mehr Begeisterung für eine ausgeruhte Mama als für eine blitzblanke Wohnung!

PRAXIS — Kleines, feines Verwöhnritual

Vom Ayurveda lernen

Erinnern Sie sich daran, was zu Beginn des Buches über die ayurvedische Tradition der Pflege für Mutter und Kind nach der Geburt gesagt wurde? Im Ayurveda werden die Frauen in den ersten Wochen nach der Geburt verwöhnt, bekocht, massiert und gebadet. Und Sie haben ein schlechtes Gewissen wegen Ihres kleinen Verwöhnrituals?

Die verdiente Erholung genießen

Entspannen Sie sich ganz bewusst. Wenn es Ihnen nicht so recht gelingen will, zur Ruhe zu kommen, dann denken Sie ganz intensiv an etwas sehr Angenehmes. Vielleicht an Sonne, Meer und eine sanft auf den Wellen schaukelnde Luftmatratze. An eine Drachen, der in der Luft tanzt, oder an Ihren Lieblingsbaum im Park. Auch schöne Erinnerungen lenken vom Alltag ab und beruhigen – oder Sie stellen sich einfach vor, wie wohlig entspannt Sie nach Ihrem Stündchen sein werden! Denken Sie jetzt einmal nur an sich – und vergessen Sie alles, was Sie vielleicht über die Eigenschaften einer »guten Mutter« gehört haben: Sie müssen sich nicht bis zur völligen Erschöpfung für Ihre Familie aufopfern; im Gegenteil, schließlich müssen Sie zwischendurch immer wieder reichlich Kraft, Ausdauer und Geduld schöpfen, die Sie für Ihre Aufgabe als Mutter brauchen.

DAS VERWÖHNRITUAL GESTALTEN

TIPP

Vorbereitung

> Bereiten Sie für die Massage eine Unterlage und ein Massageöl Ihrer Wahl vor.

> Rühren Sie für das abschließende Bad eine Peelingpaste an (siehe Seite 107).

> Wenn Ihnen danach ist, legen Sie Ihre Lieblingsmusik bereit. Verbannen Sie im Gegenzug alle Uhren aus Ihrem kleinen Wellness-Bereich. Schaffen Sie sich eine schöne Atmosphäre mit Kerzenlicht und einer Duftlampe.

> Während das Badewasser in die Wanne läuft, haben Sie Zeit für die Massage.

Zum Abschluss

> Machen Sie abschließend ein, zwei entspannende Yogaübungen (Anleitungen dazu auf Seite 110/111; Tipps zu Yoga-Übungsbüchern siehe Seite 125).

> Danach setzen Sie sich warm eingehüllt an ein kuscheliges Plätzchen und trinken eine Tasse Tee, zum Beispiel aus wohlschmeckendem Eisenkraut.

VERWÖHNPROGRAMM FÜR MAMAS

1 20-mal

2 5-mal

3 5-mal

Bauchmassage

> Wirkt entblähend, lindert Unruhe und Ängste, festigt Gewebe und Muskeln.
> Legen Sie sich in Rückenlage auf die Unterlage. Decken Sie sich gut zu. Das angewärmte Öl steht griffbereit.
> Schließen Sie die Augen und liegen Sie einfach nur locker da. Spüren Sie, wie der Atem durch Ihren Körper fließt.
> Tauchen Sie die Fingerspitzen einer Hand ins Öl und streichen Sie im Uhrzeigersinn in einer immer größer werdenden Spirale um Ihren Nabel.
> Beginnen Sie immer wieder beim Bauchnabel mit der Spiralbewegung, bis Ihr ganzer Bauch gut eingeölt ist.
> Legen Sie die rechte Hand flach an die rechte Bauchseite. Massieren Sie den Bauch mit sanften, kreisförmigen Streichbewegungen ein paar Mal im Uhrzeigersinn.
> Nun kommt die linke Hand dazu: Wenn die rechte Hand an der rechten Bauchseite ankommt, beginnt die linke an der linken Bauchseite mit kreisförmigen Streichbewegungen: Während die rechte Hand nach oben streicht, gleitet die linke nach unten und umgekehrt. Führen Sie beim Überkreuzen einfach eine Hand über die andere.
> Kreisen Sie etwa 20-mal mit beiden Händen, dann 7-mal mit der rechten.
> Zum Abschluss legen Sie beide Hände übereinander auf den Bauch. 1

Schulter- und Nackenmassage

> Die Massage löst Verspannungen im Nacken und in der Schulterpartie, die unter anderem durch Stress, wenig Schlaf und ständiges Herumtragen Ihres Babys entstehen können.
> Stellen Sie das angewärmte Öl bereit. Setzen Sie sich bequem auf die vorbereitete Unterlage.
> Wiederholen Sie die folgenden Abläufe jeweils 5-mal nacheinander, dann gehen Sie weiter zum nächsten Schritt.
> Richten Sie Ihren Oberkörper auf. Atmen Sie ein, und ziehen Sie die Schultern bewusst hoch. Lassen Sie beim Ausatmen die Schultern fallen. Dabei können Sie stöhnen oder seufzen.
> Ölen Sie Ihre Hände ein. Umfassen Sie mit der rechten Hand die linke Seite Ihres Halses. Streichen Sie langsam über die linke Schulter zum Oberarm.
> Legen Sie die Fingerspitzen der rechten Hand links an den Halsansatz. Massieren Sie fest in kleinen Kreisbewegungen zur Schulter hin. **2**
> Legen Sie dann die rechte Hand locker auf die linke Schulter. Streichen Sie mit dem Daumen etwas fester als zuvor vom Halsansatz über die Muskulatur bis zur Schulter. **3**
> Zum Schluss streichen Sie mit der flachen Hand die Schulterpartie aus.
> Nun massieren Sie entsprechend die rechte Seite mit der linken Hand.

Entspannendes Bad

> Das Bad als Höhepunkt Ihres Verwöhnprogramms unterstützt die Wirkung der Massage und löst noch vorhandene Verspannungen.
> Verrühren Sie 1 Esslöffel Oliven- oder Sesamöl mit 5 Tropfen ätherischem Öl. Wählen Sie die Öle so aus, dass Ihr Bad entweder beruhigend oder anregend ist (siehe Tabelle ab Seite 118).
> Geben Sie die Ölmischung ins Badewasser, das während der Massage eingelaufen ist, und tauchen Sie ein in die wohlige Entspannung! Das Wasser sollte dabei nicht wärmer als 38,5° sein (Badethermometer!), damit Ihr Kreislauf nicht zu stark belastet wird.
> Bleiben Sie nicht länger als 20 Minuten in der Wanne. Steigen Sie langsam aus und halten Sie sich dabei fest.
> Nach dem Bad trocknen Sie sich ab und tragen die vorbereitete Peelingpaste am ganzen Körper auf (siehe Seite 107). Lassen Sie die Paste kurz einwirken und waschen Sie sie anschließend in kreisenden Bewegungen mit einem Waschlappen ab.
> Das zugegebene Öl pflegt schon beim Baden Ihre Haut. Wenn Ihre Haut allerdings sehr trocken ist, cremen Sie sich nach dem Peeling noch mit einer Lotion ein. Oder Sie pflegen Ihre noch feuchte Haut mit einem Öl beziehungsweise. einer Ölmischung Ihrer Wahl.

Ernährung

In Indien wird die Mutter in der Zeit nach der Geburt nicht nur mit Massagen und Bädern, sondern auch mit speziell abgestimmten Speisen verwöhnt.

Ayurvedisch essen

Im Ayurveda (ab Seite 16) spielt die gesunde Ernährung eine wichtige Rolle. Es wird genau darauf geachtet, was die Mutter zu sich nimmt und über die Muttermilch an ihr Baby weitergibt. Denn bereits jetzt wird sein Essverhalten geprägt.

Essen als Genuss und Therapie

Wohlschmeckend, gesund und sättigend zugleich – so sollte eine ideale Mahlzeit aussehen. Bei einer Ernährung nach der Lehre des Ayurveda kommt nichts davon zu kurz. Das Essen wird dabei gezielt therapeutisch eingesetzt – auch für Wöchnerinnen gibt es Ratschläge und Rezepte, die Mutter und Kind in besonderer Weise gerecht werden. Da im Ayurveda jedoch die Ernährung auf den

Ayurvedisch essen **PRAXIS**

individuellen Typ eines jeden Menschen abgestimmt wird, würde es den Rahmen dieses Buches sprengen, dies umfassend zu beschreiben. Im Anhang auf Seite 125 finden Sie deshalb Buchempfehlungen zur ayurvedischen Ernährung. Als kleine Ideen-Fundgrube finden Sie im Folgenden jedoch einige allgemeine Ratschläge für die Ernährung nach der Geburt.

Leicht und vitaminreich

Grundsätzlich sollten Sie blähende Kost meiden, vor allem alle Kohlsorten. Ihre Mahlzeiten sollten leicht verdaulich und nicht zu fettreich sein. Gemüse und Obst der Saison sollten Stammplätze auf Ihrem Speiseplan haben.

Fleisch darf auf den Tisch

Ayurvedisch essen heißt nicht unbedingt vegetarisch essen. Viele Inder essen aus ethischen Gründen kein Fleisch, nicht etwa weil die ayurvedische Ernährung den Fleischgenuss verbietet. Ein bisschen Fleisch sollte Ihr Speiseplan schon enthalten. Halten Sie sich dabei an helles Fleisch oder an frischen Fisch.

Ausgewogen kochen mit Ghee

Weder Völlerei noch eine Fastenkur sind nach einer Entbindung angesagt. Eine wertvolle Bereicherung für die ausgewogene Ernährung ist Ghee, das ayurvedische Butterfett. Mit Ghee zubereitete Speisen sind leichter verdaulich. Außer-

dem ist es blutreinigend, stärkt das Immunsystem und fördert den Milchfluss bei der stillenden Mutter. Das Rezept für Ghee finden Sie auf Seite 39.

TIPP

ANANASGEMÜSE NACH DR. CHRISTA DANDEKAR

Ein Ayurveda-Gericht speziell für Wöchnerinnen: Ananas wirkt entwässernd, der Zucker enthält das wichtige Eisen.

> Sie brauchen: 1 große Zwiebel, 1/2 TL gelbe Senfkörner, 1 EL Ghee, 1/2 TL Gelbwurzpulver, 1 große Dose Ananasstücke, 1 EL gemahlener Koriander, 2 TL edelsüßes Paprikapulver, 200 g Joghurt, 1 EL Vollrohrzucker, 100 g Kokosraspel.

> Die Zwiebel schälen und in dünne Scheiben schneiden.

> Senfkörner im Ghee erhitzen, bis sie springen. Gelbwurz und Zwiebeln zugeben und so lange braten, bis die Zwiebel goldgelb ist. Den Topf vom Herd nehmen.

> Abgetropfte Ananasstücke, Koriander und Paprika mischen, in den Topf geben und gut umrühren. Kurz aufkochen lassen.

> Restliche Zutaten zugeben und nach Belieben leicht salzen.

117

EMPFEHLENSWERTE ÖLE IM ÜBERBLICK

In der Tabelle auf dieser und den nächsten Seiten finden Sie alle
im Buch erwähnten Basis- und Kräuteröle sowie eine Auswahl äthe-
rischer Öle, die sich zur Massage und Körperpflege für Mutter und
Baby eignen.
Lassen Sie sich nicht durch die teilweise recht hohen Preise der
ätherischen Öle abschrecken: Sie brauchen ja jeweils nur wenige
Tropfen. Meist werden die teureren Öle in Abfüllmengen von 1 ml
angeboten, sodass sie erschwinglich werden. Gerade bei den wert-
vollsten Ölen, etwa Rosenöl, reicht ohnehin eine winzige Spur. Wo
es ätherische Öle gibt, können Sie meist auch Glasstäbchen kaufen,
mt denen Sie die Kostbarkeiten genau dosieren können.

> ### FETTE ÖLE UND KRÄUTERÖLE

Basis- und Kräuteröle	Wirkung	Besonderheiten	Ca.-Preis in Euro für 250 ml
Avocadoöl	nährend	hoher Vitamin-A-Gehalt, gut für trockene Haut, mineralstoffreich	22,50
Bala-Rosen-Öl	stärkend, aufbau-end, ausgleichend	spezielles Frauen- und Babyöl	37,50
Borretsch-samenöl	hilft bei Hauter-krankungen		55,-
Hanföl	hilft bei Haut-erkrankungen, Allergien und Neurodermitis	sehr günstig, aber wirksam. Ohne berauschende Inhaltsstoffe	9,-
Haselnussöl aus biologischem Anbau	nährend	für trockene Haut geeignet	8,-
Johanniskrautöl	wundheilend, ner-venstärkend, hilft bei Sonnenbrand und leichten Ver-brennungen	Vorsicht! Macht die Haut stark lichtempfindlich	11,-

Basis- und Kräuteröle	Wirkung	Besonderheiten	Ca.-Preis in Euro für 250 ml
Jojobaöl	entzündungs-hemmend	unbegrenzt halt-bar, besonders hautfreundlich, reich an Vitamin E	20,-
Kokosnussöl	kühlend, feuchtig-keitsspendend	muss vor Ge-brauch verflüssigt werden, beinhal-tet natürlichen Lichtschutzfaktor	6,-
Kurkumaöl (Gelbwurz)	festigend, entschlackend	traditionelles indisches Babyöl	Rezept auf Seite 30
Macadamia-nussöl	hautglättend	viel ungesättigte Fettsäuren	8,-
Maiskeimöl	nährend		2,-
Mandelöl	nährt und pflegt	zieht leicht ein	9,50
Nachtkerzenöl	hormonell aus-gleichend, beruhi-gend, hilft bei Neurodermitis		25,-
Neembaumöl	entschlackend, hautpflegend	riecht etwas unangenehm	25,-
Olivenöl	pflegend, wund-heilend		3,50
Ringelblumenöl	entzündungs-hemmend, wund-heilend, pflegend	sehr gut geeignet für die Baby-pflege	18,-
Sandelholzöl	entzündungshem-mend, kühlend, reinigend		Rezept auf Seite 31
Schwarz-kümmelöl	milchbildend, hilft bei Hauterkrankun-gen und Allergien		21,-
Sesamöl	erwärmend	mineralstoff- und vitaminreich	3,-
Sonnenblumenöl	stärkend	für jeden Hauttyp geeignet, hoher Vitamin-E-Gehalt	2,-
Weizenkeimöl	nährend, stärkend	reich an Vitamin E	17,50
Wildrosenöl	harmonisierend	gut für Babys und Frauen	35,-

INFO

> ### ÄTHERISCHE ÖLE FÜR BABY UND MUTTER

Fürs Baby	Wirkung	Ca.-Preis in Euro für 10 ml
Cajeput	hilft bei Husten und Erkältung, stark antiseptisch	4,-
Fenchel	entblähend	6,-
Kümmel	entblähend	10,-
Lavendel	krampflösend, beruhigend, entspannend	6,-
Myrte	hilft bei Husten	10,-
Römische Kamille	hilft bei Krämpfen, Magen- und Darmbeschwerden	45,-
Rose	harmonisierend, beruhigend, stimmungsaufhellend	125,-
Vanille	beruhigend	24,-
Zitrone	desinfizierend, fiebersenkend	4,50

Für die Mutter	Wirkung	Ca.-Preis in Euro für 10 ml
Bergamotte	stimmungsaufhellend	7,-
Dill	milchbildend, entblähend	13,-
Eisenkraut	milchbildend	80,-
Jasmin	milchbildend, hormonell ausgleichend, krampflösend, sinnlich	125,-
Kalmus	stoffwechselaktivierend, beruhigend	13,-
Lavendel	krampflösend, entspannend, beruhigend	6,-
Lemongrass	lymphanregend, gefäßstärkend, verdauungsfördernd, stimmungsaufhellend	4,-
Melisse	entblähend, beruhigend	150,-
Nelke	kräftigt die Gebärmutter, entblähend,	4,-
Neroli	stimmungsaufhellend	70,-

Für die Mutter	Wirkung	Ca.-Preis in Euro für 10 ml
Rose	harmonisierend, beruhigend, stimmungsaufhellend, sinnlich	125,-
Salbei	milchreduzierend, entzündungshemmend	8,-
Sandelholz	entzündungshemmend, harmonisierend	18,-
Vetiver	stärkend und erdend	9,-
Wacholder	entschlackend	14,-
Weihrauch	hautstraffend, für einen klaren Kopf	9,-

> ## BESONDERE ÖLE FÜR BESONDERE ANLÄSSE

Basis- und Kräuteröle	Wirkung	Angebotsform	Ca.-Preis in Euro
Arganöl (aus Bio- Anbau)	wertvolles Hautöl aus Marokko, Vitamin-E-reich	100 ml	13,50
Cupuacu-Öl	hoher Feuchtigkeitsgehalt, nährend und pflegend	100 ml	9,50
Noni-Öl	viele Vitamine, sehr hautpflegend, nährend	60 ml	8,50
Paradiesnussöl (aus Bio-Anbau)	besonders hoher Anteil an Spurenelementen	60 ml	7,-
Sanddornkernöl (aus Bio-Anbau)	bei Hautreizungen, sensibler Haut	60 ml	16,-
Traubenkernöl	viele Vitamine, besonders gut für die Haut	100 ml	9,-

(Alle Preise sind Durchschnittspreise und können je nach Hersteller und Herstellungsland stark schwanken)

Zum Nachschlagen

Sachregister

A

Allergietest 34, 50
Angst und Unruhe beim
  Baby 83
Anwärmen des Massageöls 49
Aromatherapie fürs Baby 71
Arztbesuch mit Baby 85
Ätherische Öle 34, 120 f.
Autofahrt mit Baby 84
Ayurveda 16 ff., 40 ff., 105, 113

B

Babyfrust und Babystress 66,
84 ff.
Babymassage 12
-, altersgemäße Dauer 48
-, geeigneter Zeitpunkt 49
-, Gegenanzeigen 52
-, indische 16
- mit Klängen 74 f.
-, Musik zur 47
-, Vorbereitung 46, 49
Baden 71, 115
Bala-Öl 24 f.
Basisöle 33, 118 f.
Bauchweh beim Baby 77 ff.
Berührung 8, 11, 26, 101
Beschwerden des Babys 76 ff.
Brustwarzen, entzündete 103
Butterfett, ayurvedisches 39

D

Depressionen und Erschöp-
  fung 100 ff.
Doshas 40 ff.
Dreimonatskoliken 77

E

Einölen 50
Entschlacken 105
Erbrechen beim Baby 80

Erkältung beim Baby 80 f.
Ernährung der Mutter 22,
  116 f.

F

Fieber beim Baby 77
Figur, zurück zur 108
Frühgeborene 11

G

Geburt 26 f., 90 f.
Gereiftes Öl 38
Ghee 39
Groddeck, Georg 9
Gymnastik im Wochen-
  bett 108

H/I

Hände, warme 50
Hautfunktionen 9
Haut- und Haarpflege für die
  Mutter 106 ff.
Haut, fettige des Babys 33
-, trockene des Babys 33
Hebamme, indianische 29
Indianer Nordamerikas 28 f.
Inkontinenz, Hilfe bei 110

K

Kapha-Typ 41f., 44
Klangschalen 74 f.
Konstitutionstyp, ayurvedi-
  scher 18 f., 40 ff.
Krabbelkinder vor Gefahren
  schützen 67
Krampfadern, Vorsicht bei 95
Krankheit, massieren bei 10
Kräuteröl 24 f., 34 f.
Kräuterpasten 32, 38

L

Lakota-Indianer 28
Leboyer, Frédérick 17

M

Massagen bei den Indianern
Nordamerikas 28
-, Begabung zur 9, 11
- bei Naturvölkern 14
- für die Wöchnerin 20
-, heilende 9
- in Europa 15
-, kosmetische 10
-, Laien- 11
- mit Pasten und Pulvern
  (Udvartana) 38
-, therapeutische 10
Massagegriffe 10
Massageöl, warmes 49
Massageöle 32 ff., 118 ff.
Milchstau 102 f.
Montagu, Ashley 11
Musik zur Massage 47

N

Naturheilkunde 15
Neembaumöl 80
Neurodermitis beim Baby 82

O

Öl, gereiftes 38
Öle zur Massage 32 ff., 118 f.
Öle, fette (Basisöle, Trä-
  geröle) 32 f., 118 ff.
Ölgießen 87, 98
Ölmischungen, Faustregel 34

P/R

Partnermassage 93 ff.
Pitta-Typ 41, 43, 44
Prakriti (Urnatur) 41
Pulver für Kräuteröl 35
Rückbildungsgymnastik 108 ff.

S

Schmerzen des Babys 76 ff.
Schönheitspflege 104 ff.

SERVICE

Sachregister

Sonnenbrand beim Baby 82
Stillen 102 ff.
Stimmungsschwankungen der
  Mutter 100 f.
Selbstmassage 114 f.

U
Udvartana 38
Umzug und Urlaub
  mit Baby 85
Unruhe und Angst
  beim Baby 83

V
Vata-Typ 41, 43, 45
Vater, Tipps für den 49, 93 ff.,
  101
Verwöhnprogramm für Ma-
  mas 112 ff.

W
WaPee-Care (Wash, Peeling
  and Care) 70, 107
Wirkstoffe der Massage-
  mittel 33
Wöchnerinnenmassage 20

Y
Yoga
- fürs Baby 72
- für die Mutter 110 f.

Rezepte und Anleitungen

Allergietest 34, 50
Ghee (ayurvedisches Butter-
  fett) 39
Kräuteröle, Grundrezept 36
Kurkumaöl (Gelbwurzöl) 36
Ringelblumenmazerat 37
Sandelholzöl 37

Fürs Baby

A
Abendmassage 60 ff.
Arm und Bein über Kreuz 72
Arme verschränken 72
Atmen mit dem Baby 73

B
Bauchweh wegstreichen 79
Beruhigende Massage bei
  Angst und Unruhe 83

F
Festsitzenden Husten lösen 81
Für tiefen Atem 73

H
Hustenreiz lindern 81

K
Klangmassage mit Ghee 75
Kräuterpaste 38
Kreisende Bauchmassage 79
Kurzmassage 70

M
Massage einläuten 75
Massage bei Erbrechen 80
Massage bei Erkältung 81
Morgenmassage 54 ff.

O/S
Ölgießen 87
Sandelholz-Rosen-Paste 82

T
Teilmassage für Krabbelkinder 67
- für Neugeborene 52 f.

W
WaPee-Care-Massage 70

Für die Mutter

A/B
Abstillen, Ölmassage zum 103
Ananasgemüse 117
Bad, entspannendes 115
Bauch und Beckenboden 109
Bauchmassage 114
Bauchmuskeltraining 109
Beckenboden kräftigen 109
Beinmassage 97
Belebendes Kraftöl 102

D/E
Delfinhaltung 111
Entspannungs-Sitzübung 111

F/G
Frauenöl 102
Fußmassage 96
Gute-Laune-Öl 102

H/I
Heuschreckenhaltung 110
Im Reich der Sinne 102

K
Kerze 110
Körperpeeling 107

M/N
Massage für schönes Haar 107
Massage mit Schwarzküm-
  melöl 105
Milchbildungsöl 103
Naturerde-
  Ganzkörperpackung 106

R/S/W
Rückenmassage mit Ölguss 98
Schulter-/Nackenmassage 115
Spargelöl zum Entschlacken
  105
Wash, Peeling and Care 107

SERVICE ZUM NACHSCHLAGEN

Adressen, die weiterhelfen

Neben den hier genannten Adressen bieten auch Apotheken, Naturkost- und Asialäden Öle und Kräuter an.

> **Kräuter**
Kräuterhaus Lindig
Blumenstraße 15
D-80331 München

> **Ayurvedische Produkte**
Ayurveda-Zentrum München
Volkartstr. 32
D-80634 München

> **Bastei-Apotheke**
Karl-Theodor-Str. 38
D-80803 München

> **Govinda Versand**
Waldstr. 18
D-55767 Abentheuer

> **Basisöle und ätherische Öle**
Maienfelser Naturkosmetik
Basisöle, ätherische Öle, Ayurveda-Produkte
D-71543 Wüstenrot-Maienfels

> **Rottaler Aromaöle**
Georg Effner
D-84339 Unterdietfurt

> **WELEDA AG**
D-73522 Schwäbisch Gmünd
und Gauermanngasse 2–4
A-1010 Wien

> **Kräuterdrogerie Birgit Heyn**
Kochgasse 34
A-1080 Wien

Informationen zur ayurvedischen Frauen- und Kinderpflege

> **Ayurveda-Zentrum München**
(Adresse siehe linke Spalte)

> **Dr. med. Govin Dandekar und Dr. Madhura Dixit**
Halbinselstr. 43
D-88142 Wasserburg/Bodensee

> **Ayurvedische Massagen für Wöchnerinnen**
Frauenklinik des Roten Kreuzes
Oberschwester Anneliese Kolb
Taxisstraße 3
D-80643 München

> **Patricia Mokri-Pfeiffer**
Ayurveda-Therapeutin
Obere Mühle 13-1
D-89129 Langenau

Kurse in Babymassage

> **Dr. Madhura Dixit**
c/o Praxis Dr. med. Dandekar
(Adresse siehe oben)

Auch in vielen Volkshochschulen, Geburtshäusern und verschiedenen Einrichtungen für Mütter und Babys werden Kurse in Babymassage angeboten.

Kurse in Wöchnerinnenmassage

Das Ayurveda-Zentrum München bietet Weiterbildungslehrgänge für Hebammen, Krankenschwestern, Physiotherapeuten und Masseure an.

SERVICE

Bücher, die weiterhelfen

Bücher, die weiterhelfen

Babymassage

> **Hilsberg, R.,** *Körpergefühl. Die Wurzeln der Kommunikation zwischen Eltern und Kind;* Rowohlt Verlag, Reinbek

> **Leboyer, F.,** *Sanfte Hände. Die traditionelle Kunst der indischen Babymassage;* Kösel-Verlag, München

> **Montagu, A.,** *Körperkontakt. Die Bedeutung der Haut für die Entwicklung des Menschen;* Klett-Cotta Verlag, Stuttgart

Ayurveda

> **Schutt, K.,** *Ayurveda. Sich jung fühlen ein Leben lang;* Gräfe und Unzer Verlag, München

> **Rosenberg, Kerstin.** *Das große Ayurveda-Buch;* Gräfe und Unzer Verlag, München

> **Zoller, A., Nordwig, H.,** *Heilpflanzen der Ayurvedischen Medizin. Ein praktisches Handbuch;* Haug-Verlag, Heidelberg

Ergänzende Themen

(alle Titel aus dem Gräfe und Unzer Verlag, München)

> **Cantieni, B.,** *MamaFitness. Das einzigartige Training für eine unbeschwerte Schwangerschaft*

> **Cramm, D. von, Schmidt, / Prof. Dr. E.,** *Unser Baby. Das erste Jahr*

> **Dorsch, Prof. Dr. med. W. / Loibl, M.,** *Hausmittel für Kinder*

> **Gillessen, Dr. med. R. / Huft, G. W. / Lennert, S.,** *300 Fragen zum Baby*

> **Grünwald, Dr. J. / Jänicke, C.,** *Grüne Apotheke*

> **Guóth-Gumberger, M. / Hormann, E.,** *Stillen*

> **Kunze, P. / Keudel, Dr. med. H.,** *Schlafen lernen*

> **Pulkkinen, A.,** *PEKiP: Babys spielerisch fördern*

> **Schutt, K.,** *Massagen. Wohltat für Körper und Seele*

> **Schutt, K.,** *Relax-Massagen*

> **Stellmann, Dr. med. M.,** *Kinderkrankheiten natürlich behandeln*

Das Wichtigste auf einen Blick

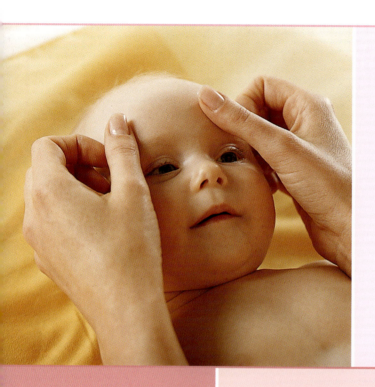

ZU VIEL LIEBE GIBT ES NICHT!

Vorbei sind die Zeiten, als man fürchtete, dass zu viel Zärtlichkeit Kinder verweichlichen würde. Heute weiß man: Regelmäßig massierte Babys werden später zu selbstbewussten, liebevollen Erwachsenen. Keine Sorge, Sie entwickeln schnell ein Gespür dafür, was ihr Baby mag. Außerdem können auch die Kleinsten schon kundtun, was (und wie viel) ihnen gefällt.

NICHT NUR BABYS LIEBEN ES ZART ...

... auch den Mamas tun nach einer Entbindung Streicheleinheiten und ein paar kleine Pflege-Extras gut. Partner- und Selbstmassage, natürliche Schönheitspflege, sanfte Yogaübungen und eine gesunde Ernährung sorgen für Erholung und Entspannung.

AYURVEDA – DIE GANZHEITLICHE NATURHEILKUNDE

Die indische Babymassage entstammt, ebenso wie Yoga, der jahrtausendealten Gesundheitslehre Ayurveda. In Indien wird ganz besonderer Wert darauf gelegt, Mutter und Baby nach der Entbindung intensiv zu pflegen und zu verwöhnen. Und auch für uns im Westen bietet die Tradition des Ayurveda vielfältige Anregungen!

BESCHWERDEN SANFT LINDERN

Wenn Ihr Baby Schmerzen hat, erkältet ist oder seine Haut Probleme macht; bei Angst, Unruhe und in Stresssituationen: Kleine Massagegriffe wirken schnell und sanft. Das gilt auch für häufige Beschwerden von Frauen, die gerade Mutter geworden sind – Massagen helfen nicht nur bei Verspannungen und Stillproblemen, sondern auch gegen Traurigkeit und Erschöpfung.

> **Berührt, gestreichelt und massiert werden, das ist Nahrung für das Kind.**
> *Frédérick Leboyer*

MMMMHHHHHHH ... ES KANN LOSGEHEN!

Haben Sie ein warmes, geborgenes Plätzchen für die Massage vorbereitet? Ein passendes Öl ausgewählt und auf Körpertemperatur angewärmt? Sind Ihre Hände schön warm und Sie und Ihr Baby guter Dinge? Und: Ist Ihr Baby fieberfrei? Dann können Sie beide sich nun auf beruhigende oder anregende, auf jeden Fall aber angenehme Berührungen freuen!

Impressum

© 2004 GRÄFE UND UNZER VERLAG GmbH, München
Erweiterte und aktualisierte Neuausgabe von Babymassage, GRÄFE UND UNZER VERLAG GmbH 1999, ISBN 3-7742-2330-0 (Erstausgabe: 1998)
Alle Rechte vorbehalten. Nachdruck, auch auszugsweise, sowie Verbreitung durch Film, Funk, Fernsehen von Internet, durch fotomechanische Wiedergabe, Tonträger und Datenverarbeitungssysteme jeder Art nur mit schriftlicher Genehmigung des Verlages.

Wichtiger Hinweis

Babymassage kann die Entwicklung Ihres Kindes fördern – keinesfalls aber können die im Buch beschriebenen Massagen den Arztbesuch ersetzen. Gerade bei Babys und Kleinkindern kann aus einem harmlosen Unwohlsein rasch eine ernsthafte Erkrankung werden. Sprechen Sie deshalb unbedingt mit dem Arzt, wenn es Ihrem Baby nicht gut geht und Sie es massieren wollen. Beachten Sie bitte die jeweiligen Warnhinweise, da eine falsch ausgeführte Massage Nebenwirkungen haben kann. Dieser Hinweis gilt natürlich auch für Sie selbst: Fragen Sie zuvor Ihren Arzt, wenn Sie Ihre Beschwerden selbst behandeln möchten.

ISBN 3-7742-6699-9

Auflage	5.	4.	3.	2.	1.
Jahr	2008	07	06	05	04

Ein Unternehmen der
GANSKE VERLAGSGRUPPE

Programmleitung:
Ulrich Ehrlenspiel

Redaktion:
Silvia Herzog (Neuausgabe),
Reinhard Brendli (Erstausgabe)

Lektorat: idee & text,
Gabriele Heßmann und
Barbara Kohl (Neuausgabe),
Ina Raki (Erstausgabe)

Fotos: Bilderberg: S. 16, 24. Getty: S. 40, 43 re.
GU: A. Anders: U1, U2/S. 1, U4 re., S. 2 li., 3 li., 8, 12, 46, 51, 54, 55, 61, 62, 63, 64, 65, 67, 69 li., 73, 74, 79, 81, 85, 108, 109, 110, 111, 126, 127 li.; B. Büchner: S. 93;
M. Jahreiß: U4 li., 88, 100;
A. Peisl: S. 6, 30, 44, 48, 53, 56, 57, 58, 59, 60, 68, 69 re., 70, 72, 76, 96, 97, 98, 99, 114, Poster (People);
J. Rickers: S. 3 re., 112; R. Schmitz: S. 4, 21; K. Stiepel: S. 2 re., 22, 32; 36, 37, 39, 95, 116, 127 re., Poster (Ölflasche).
Jalag: S. 104 (C. Scriba). Jump: S. 106. Wildlife: S. 43 li. u. Mitte.
Zefa: S.11, 14, 19, 28, 45, 83, 90.

Layout und Umschlag:
independent Medien-Design
(Claudia Fillmann, Sabine Krohberger, Ngoc Le-Tümmers)

Herstellung: Petra Roth

Satz: Dorothee Griesbeck,
Die Buchmacher, München

Lithos: Repro Ludwig, Zell am See

Druck: Appl, Wemding

Bindung: Sellier, Freising

Dank

Einen herzlichen Dank an Frau Dr. med. Christa Dandekar, die Ayurveda-Ärztinnen Dr. Madhura Dixit und Dr. Lalitha Babu, Herrn Dr. Ramkumar von »AYURVEDIC TRUST« in Kerala sowie an viele andere Fachleute, ohne deren Hilfe das Buch in dieser Form nicht zustande gekommen wäre.

DAS ORIGINAL MIT GARANTIE

Ihre Meinung ist uns wichtig. Deshalb möchten wir Ihre Kritik, gerne aber auch Ihr Lob erfahren. Um als führender Ratgeberverlag für Sie noch besser zu werden. Darum: Schreiben Sie uns! Wir freuen uns auf Ihre Post und wünschen Ihnen viel Spaß mit Ihrem GU-Ratgeber.

Unsere Garantie: Sollte ein GU-Ratgeber einmal einen Fehler enthalten, schicken Sie uns das Buch mit einem kleinen Hinweis und der Quittung innerhalb von sechs Monaten nach dem Kauf zurück. Wir tauschen Ihnen den GU-Ratgeber gegen einen anderen zum gleichen oder zu einem ähnlichen Thema um.

GRÄFE UND UNZER VERLAG
Redaktion Körper & Seele
Postfach 86 03 25
81630 München
Fax: 089/41981-113
E-Mail: leserservice@
graefe-und-unzer.de

Die **GU-Homepage** finden Sie unter **www.gu-online.de**

Umwelthinweis

Dieses Buch wurde auf chlorfrei gebleichtem Papier gedruckt. Um Rohstoffe zu sparen, haben wir auf Folienverpackung verzichtet.